"Frasse stämplar ut"

''Frasse stämplar ut''

Det här är historien om den smått spritmarinerade före
detta lägre statstjänstmannen, som nu lämnat sitt arbete på
myndigheten.

Välkomna till min berättelse.

Lennart O Svensson

© Lennart O Svensson 2017

Förlag: BoD – Books on Demand, Stockholm, Sverige

Tryck: BoD – Books on Demand, Norderstedt, Tyskland

ISBN: 978-91-7699-712-3

Författaren under sin tjänstgöring som ställföreträdande kvartermästare vid det svenska Ingenjörskompaniet i Libanon 88/89. Han var även ledare för trossgruppen eller som den döptes till "Frasses Patrull".

Lennart O Svensson är född, uppvuxen och verksam i Helsingborg och bor sedan tre år tillbaka i det som klassats som den otryggaste stadsdelen i Helsingborg, nämligen Söder.

Det här är historien om den smått spritmarinerade före detta lägre statstjänstmannen, som nu lämnat sitt arbete på myndigheten. Många var de som drog en lättnadens suck när pratkvarnen lämnade för sista gången. Det blev inte ens en avtackning, utan jag försvann som en blå rök i dimman. Någon avtackning ville jag dessutom inte ha.

Efter några veckor är jag förpassad till den skara som lämnat och om några månader är det ingen som minns mig.

Det här är boken är om mitt liv och leverne. En del personer som nämns i texten är verkliga andra inte. Texterna är både verkliga och påhittade. Vad som är vad, får ni gissa själv.

Jag blandar nutid, dåtid och påhittade historier, en form av kaos eller en jävla röra. Det är det jag gillar, varför skall man alltid följa ett visst mönster.

Bilderna i boken har ingen koppling till handlingen, utan skall ses som en fristående berättelse, fast i bildform. Bilderna är tagna på ett skrotupplag för en veteranjärnväg i Klippan. Dessa kan ses som en form av dokumentärt fotografi eller varför inte konstfotografi.

Det är alltid betraktaren som avgör.

Jag är ju inte bara en berättare utan även en passionerad fotograf, med artistnamnet: "Trottoar Botanist"

Frasse stämplar ut

Viking Bar & Restaurang, på Söder i Helsingborg, en dag i början på maj månad i nådens år 2017.

I nämnda bar sitter den lätt spritmarinerade, lägre, numera före detta statstjänstemannen. Betoningen skall ligga på lägre, för längre ner i hierarkin kan man inte komma på denna arbetsplats.

I nio år och sex månader tjänstgjorde jag som bud på myndighetens lokalkontor i Helsingborg. Arbetet gick ut på att man personligen skulle överlämna beslut om betalningsföreläggande.

Enligt mig var denna anställning den sämsta jag någonsin haft, ett totalt nerköp.

Efter 34 år i det privata näringslivet, började jag i november 2007, en tjänst i den mest konstiga, efterblivna och omoderna organisation man kan tänka sig.
I den här statliga verksamheten stannade klockan på fem i tolv, någon gång under 1975 och den har sen aldrig lyckats starta igen. Ingen visste hur man bytte batteri.

När jag började på myndigheten, fanns inte budavdelningen, utan detta var något som legat på privata aktörer. Det tog mig och mina kolleger ungefär fyra år att få en fungerande organisation på plats. Åtskilliga är de förändringar som genomförts.

Området som omfattade hela NV-Skåne, delades in i turer som representerade vad man skulle hinna med på ett arbetspass. Turerna klassificerades i sin tur som dagstur, kvällstur eller helgtur. Detta beroende på utfallet av delgivningsresultatet.

Teamet i Helsingborg hade lyckats över förväntan och var ett av Sveriges bästa team. Detta skulle komma att förändras i och med att man omorganiserade och skulle ha en virtuell organisation.

Efter fem år tillsatte man en chef över hela budgivnings-verksamheten som saknade socialkompetens och denne litade dessutom inte på att något bud gjorde sitt arbete. Hans kontrollbehov innebar att buden följdes med hjälp av gps. Helt olagligt men facket såg mellan fingrarna och godkände kontrollen. Dessutom tillsatte han teamchefer som led av samma kontrollsjuka och som dessutom saknade empati för sin personal.

Mig kunde man inte följa, för jag tryckte aldrig igång funktionen på mitt larm och ingen vågade säga något. Det var ju olagligt och mig spottar man inte på.

Resultatet kunde bara bli ett. Under fyra år sjönk resultatet konstant och hela enheten liknade ett sjunkande Titanic. Allt skylldes naturligtvis på de odugliga buden och den ena åtgärden efter den andra infördes.

I slutet av 2016, var jag och en kollega de enda kvar av det gamla gardet. Ny personal anställdes och chefen berättade att det dåliga resultatet berodde på mig och kollegan.

Det gällde att få bort oss till varje pris och en veritabel mobbing påbörjades. Kollegan hade man redan mobbat så mycket att han slutade i början på 2017.

Hela områdesindelningen gjordes om, trots att man saknade erfarenhet och ingen frågade mig. Jag tog ut långledigt och sket i vilket. Resultatet nådde botten och under ett gemensamt möte kastade man all skit på mig.

Det skithögarna inklusive chefen inte visste om, var att jag redan lagt in om pensionering i förtid. Lämnade över pensionsblanketterna till chefen för signering, skrattade och lämnade lokalen.

Jag tog ut all flextid och innestående semester och lämnade bygget.

Tyvärr så är det så i myndigheten att arbetslivserfarenhet inte är så högt skattat, utan det är högskoleutbildning och förmågan att alltid samtycka med chefen som gäller. Sen kan man vara hur misslyckad och oduglig som helst.

   - Det är ju en förbannad tur att jag saknar högskoleutbildning och förmågan att samtycka med chefen, för annars hade jag väl avancerat i myndigheten.

Det som dock gjort arbetet till något positivt, är alla de jag mött under mina budgivningsuppdrag, samt en liten del av de övriga anställda på myndigheten. Det bästa med arbetet var att jag fick jobba så mycket obekväm arbetstid/övertid jag ville.

Detta gjorde att jag kunde satsa på resor och fotograferande.

- Jag tackar myndigheten för ert slappa sätt att
driva verksamheten och att jag därmed fått in
mycket extra pengar.

Denna i mångas ögon misslyckade person, har för någon
timme sedan lämnat sitt yrkesverksamma liv. Jag stämplade
ut i förtid, ett och ett halvt år före den officiella pensions-
åldern och försvann som en blå rök i dimman.

Inne på min tredje öl, börjar jag reflektera över mitt liv. Vad
har jag gjort och vad skulle jag gjort eller rättare sagt vad
återstår för mig att göra. Jag har ju trots allt hunnit med
rätt mycket under mitt liv och nu är väl en reflektion på sin
plats.

En del utbildningar har jag skaffat mig, kemiingenjör,
ekonom, underofficer och fotograf. Likaså har en del
anställningar och ett misslyckat äktenskap också passerat.

Livet efter skilsmässan har varit den mest kreativaste delen
av mitt liv. Har aldrig haft så bra ekonomi och min foto-
grafiska verksamhet har nått höjder som jag inte trodde
varit möjliga. Utställningarna har avlöst varandra.

Det är bara någon vecka sedan jag avslutade en utställning i
Ängelholm och nu hänger mina verk i Bjuv. I augusti deltar
jag med bilder under Kulturveckan i Göteborg.

- Fan att man skulle gänga sig i stället för att satsa på "plåtandet" redan 1978. Då hade man väl varit en kändis inom fotovärlden.

- Gråt inte över spilld mjölk, utan se framåt din skit.

Tankarna far som raketer i min alkoholdimmiga hjärna.

- Man får den skit man förtjänar".

Nu har jag blivit riktig filosofisk, eller är det ölen som talar.

Det här är boken om mitt liv och leverne. En del personer som nämns i texten är verkliga andra inte. Texterna är både verkliga och påhittade.

Vad som är vad, får ni gissa själv.

Anfall, en dag i fogdens tjänst

Jag stannade bilen och klev ur den samma vid det röda huset, strax öster om Örkelljunga. Väl framme vid grinden såg jag de båda skyltarna, "Varning för hunden" och "Varning för arg kärring".

- Undrar vem som är värst?

Bäst att göra som vanligt. Rycker lite i grinden för att se om hunden eller kärringen är ute. Helt lugnt, det är bara att stiga på. Knackar på dörren och börjar anteckna datum och tid på kvittot, som hör till föreläggandet. Det är ju alltid bra att vara förbered. Dörren öppnas och där står killen som jag söker, men även två stora hundar av storleken kalv.

Jag hinner inte säga något förrän dessa två kalvar går till anfall. Sammanstötningen mellan dessa kalvar och mig, innebär att jag försvinner med raketfart ner för trappan. Vilt sprattlande landar jag på gårdsplanen tillsammans med skrivdonen. Kalvarnas ägare lyckas få stopp på dem, annars kunde det slutat illa.

- Hundarna är väldigt snälla, men nyfikna säger ägaren.
- Jag märker det säger jag, och borstar den värsta skiten från byxorna.
- Jag behöver din autograf och så får du brevet av mig.
- Inga problem, säger hundarnas ägare.

Lämnar gården efter uträttat ärende och spänner ögonen i kalvarna när jag stänger grinden. Det ser ut som om de skrattar och ser fram emot nästa möte.

- Undrar hur det är att möta kärringen.

Någon månad senare är det dags igen. Rycker i grinden, allt lugnt bara att stiga på. Knackar på dörren och hört ett förfärligt väsen, när något kommer ner från en trappa. Dörren slängs upp och där står kalvarna men ingen ägare.

- Kolla, säger den ena kalven till den andra, där står den rolige killen.
- Skall vi gå till anfall?
- Definitivt.

Sammanstötning, virvlande bud och krock med gårdsplanen.

- Undrar hur killen ser ut om vi ställer oss på honom, säger den ene.

Lyckligtvis hinner inte detta ske, för ägaren har kommit ut och får stopp på det hela.

- Jag ber om ursäkt, men det är ju en himla tur att ni träffats tidigare och hundarna tycks ju verkligen gilla dig.

Jag ler lite obesvärat , delgivningen genomförs och jag lämnar.

- Skit också, nu har jag fått samma adress igen.

Hjälm och skyddsväst kanske skulle vara bra att ha.
Samma procedur som tidigare, men den här gången öppnar
ingen. När jag lämnar med oförrättat ärende, ser jag två
besvikna kalvar i fönstret.

- Den här gången sket anfallet sig, tänker jag och slår igen
grinden med en tydlig smäll.

Det kan här nämnas att jag var väldigt omtyckt av de
personer som jag delgav. Jag var en bra lyssnare och kunde
med min breda livserfarenhet ge goda råd. Att jag inte stod
högt i kurs hos cheferna, var inte något jag brydde mig om.

- Vad kunden tycker är viktigast och vad ni tycker,
skiter jag i.

Tänk om jag hade....

För många är just en sådan början på en mening kopplad till pengar. Om jag hade gott om pengar skulle jag...
Hur många gånger har man inte hört just det?
Själv är jag mer intresserad av gott om tid eller fri tid, rättare sagt. Sen finns det en del som inte vill ha fri tid, eller rättare sagt, de vet inte vad de ska göra med den.

På jobbet utspelade sig följande samtal en av de första dagarna efter semestern.

- Man får vara glad för att man har ett jobb som man kan gå till fast man inte trivs så speciellt bra, sa en av tjejerna.
- Varken jag eller min kropp har något som helst behov av att arbeta, så mig får dom gärna skicka hem, var min replik.
- För den sakens skull kollar jag varje morgon om jag fått ett sms där det står: Kronkalle är nerlagt, bli kvar hemma.
- Så kan du väl inte säga. Själv har jag inget annat än detta, så vad skulle jag göra.
- Är jobbet hela ditt liv, hur länge har du varit på det här dårhuset?
- Jag har som dom flesta varit här sen jag slutade skolan och om några år går jag i pension. Vad ska jag då hitta på?
- Herre jävlar, har du ägnat hela ditt liv åt den här skiten och aldrig vidgat dina vyer.
- Det är inte så lätt.

- Skitsnack, det är väl så att du blivit bekväm och aldrig vågat satsa på något annat. Sen har du gått på skitsnacket som din chef kört med alla gånger ni haft kvartssamtal, om att du är den viktigaste personen på avdelningen.

- Lennart, du tror att du skulle kunna får ett annat jobb i din ålder, ha.

- Som jag sa tidigare, så är varken jag eller min kropp intresserade av arbete, men jag kan ju alltid köra taxi, om det skulle knipa. För mig är det här skitjobbet inget annat än ett sätt att just nu överleva.

Nu hade några fler av tjejerna som passerat bäst före datumet, tillstött.

- Tänk lite på oss, vart skulle vi ta vägen?
- Ta tag i era liv och gå och klipp er, sa jag.

Lämnade skrivarrummet och lät tjejerna spy galla över mig.

Mål

Ordet får mig att tänka på idrott, i målet stod Kalle, HHC vann över Mörrum med 5 – 3, etc.
Det kan också gälla för det militära, målet med övningen är att...., vi har nått målet när vi intagit höjd 2345, etc. etc.
Ja det finns ju mycket mer som man kan associera till ordet målet/mål.

Jag filosoferar över ordet och vad det betyder för mig i mitt liv.

Det hela utspelade sig i början av 1980-talet när jag var anställd som laborant inom livsmedelsindustrin.
Ledningen beslutade att samtliga tjänstemän skulle åka till Helsingör för en kickoff och där få lite bildning.

En grå lördag morgon gick vi ombord på en av färjorna och hamnade så småningom på Marianelyst, utanför Helsingör.
Här välkomnades vi av föredragshållaren för dagen, en hjärnskrynklare.

- Det här kommer säkert att bli kul tänkte jag, nu ska vi få reda på vilka idioter vi är och så används detta i lönesamtalen.

Så blev det naturligtvis inte, vi fick en mycket trevlig och underhållande lördag. Vad hjärnskrynklaren hette har jag glömt, så även allt om högra foten och vänstra hjärnhalvan. Det var mycket höger och vänster och massor av tester. Men kul hade vi.

Det som dock etsade sig fast i mitt minne var hans föredrag om vikten av att tänka positivt och sätta upp mål med livet. Vår föredragshållare poängterade vikten av att vakna med positiva tankar varje dag och inte känna efter för mycket om man kanske hade någon fis på tvären.

- Att vara positiv förlängde livet sa han och man höll sig även frisk.

Varje morgon har jag sedan dess hoppat ur sängen med stridsropet, "fan vad jag mår bra".

Jag har inte använt försäkringskassan sedan 1980, om det beror på mitt stridsrop eller något annat vet jag inte. Det var också mycket viktigt att man satte upp mål här i livet. Det kunde vara både kortsiktiga men det bästa för hälsan var de långsiktiga. Det hade något med hjärnans sätt att skicka ut någon form av signaler. Har själv inte hört dessa signaler men utbildade mig till telegrafist för säkerhets skull, man vet ju aldrig.

De gamla målen jag en gång satte upp har jag fått revidera bl.a. på grund av skilsmässan, för min ex fru ingick i dom. Nä, nya mål får nu gälla.

Det kortsiktiga gäller byte av bostad under våren 2014, vill närmre centrum. Mitt tre års mål gäller för att transportera mig framåt i sakta mak tills jag fyller 63 och därmed gå i pension och då kalla mig friherre.

De något längre målen gäller en flytt utomlands helt eller delvis. Att ställa ut mina bilder och ge ut mina böcker.

Kan jag nu nå dessa mål, ja de två första var inga problem, att producera utställningar och ge ut böcker likaså. Det sista kanske inte går att förverkliga, men vadå. Det viktiga var ju att sätta upp mål, når man dom inte får man sätta upp nya.

Sätter man inte upp några mål kan man enligt min mening sätta tofflorna på hyllan och ge upp.

Har ni inget stridsrop så skaffa ett.
Har ni inga mål, skaffa er några, både kort- och långsiktiga.

Tro mig, ni kommer att må bättre.

Uppväxt

För att förstå hur jag fungerar, så är det på sin plats att här beskriva min uppväxt.

Jag föddes som ett oönskat barn 1953, av föräldrar som inte klarade av att bli just föräldrar. De var femton år gamla och hade inte haft vett att skydda sig.

Min första tid i livet framlevdes på ett hem för ensamma mödrar och sen i mina morföräldrars bostad.

På femtiotalet ställde man in ett barn som var ledset eller inte mådde bra, i ett mörkt rum, typ en skrubb och så fick de gråta av sig.

Det var definitivt inte fråga om kärlek, utan här skulle ungen lära sig hålla käft. Skrubben låg i mödrahemmet på Ramlösavägen 1, Helsingborg.

Jag var en rackare på att gråta tyst. Det hördes aldrig något när jag var ledsen, det var bara tårarna på kinderna som avslöjade mig.

Har detta påverkat mitt liv? Definitivt.
Det är så att jag blivit lite av en ensamvarg och i arbetslivet har jag inte behövt andra för att klara mina uppgifter.

Några år senare fick jag en syster och hon var ett mer önskat barn. Hela familjen bodde fortfarande kvar i morföräldrarnas bostad, för fadern gjorde värnplikten.

När föräldrarna väl fick arbete, så gick flytten till egen lägenhet på söder.

Under hela min uppväxt har pengar alltid varit ett stort trätoämne i familjen. Det lilla barnbidrag som man fick vid den här tiden gick uteslutande till inköp av kläder en gång per år. Detta innebar att då fick jag finkläder och dessa fick under inga omständigheter skitas ner.

Jag och min syster satt som tända ljus i en soffa vid de tillfällen vi var på släktkalas. Övriga kusiner for runt och hade kul. Kusinerna sa alltid att de två i soffan var högfärdiga. Så var dock inte fallet utan det var hotet innan de åkte hemifrån som gjorde att de satt stilla i soffan.

   - Smutsar ni ner eller förstör kläderna, får ni stryk, det är jävligt dyrt med kläder.

Detta hot uttalat av min fader, har följt mig hela livet. Till och med när jag var över sextio år, kunde hot om stryk komma från min åldriga fader. Vad gjorde min moder, inte ett skit. Tystnaden samtycker som det heter.

Kläderna blev för övrigt aldrig utslitna, utan de blev för små och fick slängas.

Under min tolv månaders militära grundutbildning, vid Kungliga Göta Ingenjörregemente, Ing 2, upptäckte jag livet i frihet. Att slippa föräldrarnas tjat och gnat, var verkligen en befrielse. Så fort jag "muckat" och skaffat ett fast arbete, lämnade jag föräldrahemmet för att få min fortsatta frihet.

Kontakten med föräldrarna och systern har varit ytterst sporadiskt och de senaste åren helt obefintligt.

Saknar jag förmåga att dela med mig av kärlek och värme? Nej, definitivt inte.

Saknar jag socialkompetens? Nej definitivt inte.
Det är bara det att jag bestämmer själv när jag skall vara social eller inte.

Jag kan mycket väl gå in i en bar, delta i ett möte eller befinna mig bland många människor och inte yttra ett ord. Vid de tillfällena är jag en observatör.

Vad har jag hunnit med

Jag har ju hunnit med ganska mycket under mitt 63 år gamla liv, så lite fakta är nog på sin plats.

Vi börjar med utbildningar och sen går vi över till anställningarna, även sommarjobben finns med.

Grundskola
Fackskola, kemilinjen
Hermods, Fotoskola
Komvux, ekonomilinjen
Högskola, miljöutbildning

Jordgubbsplockare, sommarjobb
Tidningsbud, sommarjobb
Gatuköksbiträde, sommar och helgjobb
Laboratoriebiträde, Tretorn AB, (mellan år 1 och 2, fackskolan)
Värnplikten, plutonsbefäl, (räknas som anställning)
Chaufför, vikariat hos Skogaholms
Ingenjör, Tretorn AB, (första fasta anställningen)
Laborant, Indra AB, (senare uppköpt av Findus)
Laboratorieingenjör, Sydplast
Ingenjör och arbetsledare, Tretorn AB
Stf. Kvartermästare, FN-tjänst i Libanon
Systemrevisor/Revisionsledare, Det Norske Veritas
Konsult, eget företag
Väktare, Securitas
Bud, Kronofogden

Jag har med åren skaffat mig en gedigen arbetslivs-
erfarenhet och bytt arbete ungefär vart femte år.
Rådet att byta arbete på detta vis fick jag av den tekniska
chefen på Tretorn AB, i samband med min första fasta
anställning. Har aldrig haft problem med att få nya arbeten
och det är bara hos den sista arbetsgivaren som mina
kompetenser inte har tagits tillvara.

På fritiden har jag alltid varit engagerad på olika vis.

Ungdomsledare hos Frivilliga Befälsutbildarna
Sambandsgruppsledare i Hemvärnet, (är ju utbildad
radioamatör)
Styrelsearbete för Frivilliga Radio Organisationen
Fritidspolitiker i Helsingborg
"Leker affär" i Matkooperativet 6 timmar i månaden
Fotograferar och ställer ut samt skriver berättelser.

Tur att jag numera är pensionär, annars vet det katten hur
jag skulle hunnit med.

Snedseglaren

Båt är en farkost avsedd för färd på vatten.
Jungman en sjöman inom däcksavdelningen som är ny
i tjänsten, och mindre erfaren än en matros.
Barlast är tillfällig eller permanent placerad last,
placeras lågt i en båts eller fartygs botten för att öka
farkostens stabilitet.

Under min tidiga uppväxt har jag alltid haft ett
intresse för sjömanslivet och det beror till stor del på
min morfar och hans bror som varit matroser på de sju
haven. På den tiden då det var segelfartyg som gällde,
för övrigt de enda riktiga fartygen enligt båda dessa
herrar.

Under släktens gemensamma julmiddag och efter
några snapsar och efterföljande grogg, (inget av dessa
fick dock jag, var för ung), matades jag med den ena
otroliga historien efter den andra.

Som hur flygfisken flög direkt upp i stekpannan, hur
man brottats med hajar, surfat med havssköldpaddor
och varit på vippen att blir slukade av jättebläckfiskar.
Dessa bläckfiskar kunde sluka hela fartyg med
besättning och allt.

Klart man skulle bli jungman och så blev jag kemist.

- Nån i släkten skall bli det, som morfar sa.

Nåväl, en viss erfarenhet har jag dock från det marina livet.

En gång på 90-talet fick en granne för sig att jag skulle tjänstgöra som besättningsman på dennes segelbåt, under en kappsegling. Klart man ställde upp när de var en man kort och med sin morfars historier i bagaget, så var det helt givet.

Det gastades mycket styrbord och babord, drag i tampen och släpp efter på skoten. Jag for som en skottspole till både vänster och höger, drog i alla snören som fanns att dra i och en del släppte jag.

Efter halva seglatsen och vi låg sist, bestämde kaptenen att nu fick nog jungman Svensson tjänstgöra som barlast om man skulle ha en chans att nå en placering. Resten av seglatsen satt jag säkert mitt i båten och vi kom i alla fall inte sist.

Barlast var en perfekt syssla för mig och jag anmälde mig för tjänstgöring om det skulle behövas. Något behov av extra last har tydligen aldrig behövts, för ingen har ringt och frågat efter jungman Svensson.

Numera är jag barlast på Sundsbussen Pernille, vid de tillfällen som jag känner för en tura. Med en kall "Grön" i den förliga baren på nämnda båt, studerar jag noggrant matrosens arbete i samband med avgång och ankomst till kaj och hittills har matrosen skött sig med bravur.

Några kalla "Gröna" senare lämnar jag matrosen åt sitt öde och spanar förgäves efter de stora bläckfiskarna, flygfiskarna, hajarna och havssköldpaddorna.
De skulle ju finnas där och min morfar och hans bror skulle väl aldrig ljuga för mig, eller?

Nä, någon jungman blev jag aldrig utan får finna mig i titeln "snedseglare" och det är ju inte så tokigt det heller, så länge skutan kan gå och ölen är kall.

Bjuv

Lördag morgon och jag vaknar bakfull och undrar hur jag hamnat i sängen. Måste skärpa till mig för om några timmar skall jag åka till Bjuv.

På biblioteket i denna metropol har jag en utställning av mina bilder, de skall hänga där en månad. De har hängt en vecka, så jag skall bara dit för att titta till bilderna.

För bara någon vecka sedan fanns samma bilder utställda i Ängelholm och där var besöksantalet stort, trots att utställningen bara var en vecka.

Skall ta tåget 10.17 och måste hinna med att köpa cigg, läsk och någon fika, så att alla begär får sitt.

Ciggen kunde jag hoppat över och läkaren har gett mig rådet att sluta med denna last för länge sedan.

- Man skall väl dö av något, så vad fan. Njut så länge det varar.

Har vänner som går omkring som zombies och de unnar sig inte ett skit. De tror att de skall bli flera hundra år och då försöker man äta och dricka som någon förbannad eremit.

- Skit ner er, ni ser ut som levande döda och roligt har ni inte.

Personalen på biblioteket berättar att många har tittat på mina bilder. De flesta har haft positiva kommentarer och nöjd åker jag tillbaks till Helsingborg igen.

Hem till panerad spätta och en återställare. Det blir med säkerhet en Jim Beam.

En måndag

Skulle fått en blodtrycksmätare monterad på armen på sjukstugan, den skulle jag gå med i 24-timmar. Nu blev det inget av för de kunde inte logga in skiten i sin PC.

- Fel på kabeln sa de, ska få en ny tid.

Köpte nya skor istället, promenadskor, väger inget och är helt underbara. Var ute och gick en hel timme.

Kom hem med en pipa, en sådan där som man fyller med någon vätska som förångas när man trycker in en knapp. Giftigt förstås men nya cigg har han inte köpt, fungerar bra med pipan.

Pengarna rullar.

- Skit samma, vem vet hur länge man lever.

Gick till Pingstkyrkans Second Hand och kom över tre nya böcker för 65 kr. Det blev Henning Mankell: Italienska skor, Marcus Birro: Att leva och dö som Joe Strummer och Agnes Humbert: Dagbok från ett ockuperat Frankrike.

Började läsa Birros bok, men la av efter tio sidor. För svår för eller så gillar jag helt enkelt inte upplägget.

Började på Mankells och den kändes bra.

Retro fik och gatufoto

Det är måndag och klockan är 11:50. Sitter på favorit fiket, Thores Café och njuter en kaffe, halv ostfralla och en Gosenbulle.

Har tagit en paus i Gatufotograferandet och idag är det helt perfekt väder. Mulet och vindstilla, dock är det inte så mycket folk i rörelse, men man kan ju inte få allt.

Två herrar diskuterar det nya förslaget med bussfiler i centrum.

- Det är min själ det sämsta förslag jag varit med om. Bussfiler mitt i gatan och biltrafik på kanterna. Det är som gjort för olyckor.
- Jag tycker att man ska förbjuda motorcyklar i centrum, säger den andre.
- Är du helt dum eller, vad har det med bussfiler och mindre trafik att göra?
- Jag gillar inte motorcyklar och dom gangsters som kör dom".
- Du är ju dummare än sossar och kommunister, är du miljöpartist eller"?

Till bordet har nu den enes fru anslutit samt två herrar till. Tydligen är detta någon form av mötesplats för att lösa de problem som ingen annan kan lösa.

- Vi var i Ängelholm i söndags, säger en av de nytillkomna herrarna.
- Ni skulle stannat kvar där, tycker herrn som startade diskussionen om bussfiler.
- Du är ju en riktig muntergök och det är väl inte så konstigt att du inte fått tag i något fruntimmer. Vem vill ha en sådan träbock.

Det är tydligen högt i tak, för alla brister ut i skratt. Man fortsätter att prata om Ängelholm och även Banmuseet får sig en släng av sleven.

Helt plötsligt byter man inriktning och nu talas det om Ven och de olika båtarna som går från Landskrona.

Ytterligare en herre ansluter och nu får träbocken sig en släng, med koppling till sin politiska inriktning.

- Jimmy Åkesson kommer att få på öronen i Almedalen i kväll, säger den nytillkomna.
- Du snackar bara skit, säger träbocken och ber sin nya bordsgranne flytta till ett annat bord.
- Jimmy kommer nog att läxa upp alla jävla 08:or och korkade gotlänningar.
- Jag träffade en målare som bar kjol, säger en av herrarna.
- Var han bög eller?
- Tydligen är det väldigt skönt att ha kjol när det är varmt, för det fläktar väl gott om pendylen.
- Vad säger du som är kvinna, frågar en av herrarna.

- Jag har ingen pendyl, så jag vet inte.
- Du vet väl om det fläktar eller inte, säger träbocken".
- Vi byter ämne och pratar om tomater istället.

Mat är tydligen lättare att prata om och lugnet lägrar sig i lokalen.

Skulle kunna sitta här ett bra tag till, men jag skulle ju plåta lite också, så jag dukar av och samlar ihop mina prylar. Innan jag går lämnar jag kvar ett visitkort, så nu vet dom vem dom fikat med, Trottoar Botanisten.

Det sista jag hör innan jag når dörren, är snacket om Zoegas klocka som ju var på väg ner från sitt fäste.

Hamnar efter ett tag på en bänk mitt emot Fahlmans Café och kommer i slang med en kille som tidigare jobbade på båtarna. Det blir tydligen inte så mycket plåtande i dag verkar det som och jag tackar för mig och gör en lov bort om Biblioteket.

Matkooperativet

Lördag, och i staden öppnade idag en ny matbutik,
Matkooperativet.

Har satsat kapital i denna verksamhet eftersom jag
tycker att det är ett intressant projekt. Att satsa på
hållbara, miljövänliga, ekologiska och närproducerade
råvaror, ligger i tiden.

Klockan 11.00 var det invigning och vår kommunal-
direktör var där och höll ett tal. Kommunen hade
satsat 100 000 kr från visionsfonden.

Miljönämndens ordförande var också på plats, men var
fanns Miljöpartiet? De som alltid pratar om vår miljö
och hur viktig den är. Inte en enda representant från
detta parti syntes.

Miljöpartiet är nog det största skämt som dykt upp på
den svenska himlen. Hur folk kan vara så idiotiska att
rösta på detta skämt, övergår mitt klena förstånd.

Jag var ju där och därmed fick SD en representant på
plats.

Ordföranden från miljönämnden glodde surt och var
det något jag sket i så var det just det.

Nu vet ni vilket parti jag är verksam i och nu börjar det
väl snurra i era skallar. Är han nazist och rasist?

- Nä, inget av alternativen, så skit ner er.

Jag är bara jävligt trött på alla andra partier och deras öppna hjärtan. Ni som har problem med mitt politiska engagemang kan sluta läsa nu och kasta boken på ett litet bål. Eller så sparar ni den och läser vidare efter valet 2018.

Mitt engagemang i butiken fortsätter och jag jobbar ideellt minst sex timmar i månaden. Riktigt kul är det och man lär sig mycket om olika råvaror.

- Att leka affär, är som att bli barn på nytt.

Min vikt minskar utan kemikalier, hurra.
Har börjat äta nyttigare, så "leken" lönar sig mer än bara på det sociala planet.

Fredag

I morgon åker jag till Bjuv och plockar ner min utställning. Bilderna som nu visats i Göteborg, Höganäs, Ängelholm och Bjuv, går därmed i pension.

Har tagit ett beslut om att inte ställa ut på biblioteket i Helsingborg.

Skall man ställa ut där måste man fylla i ett formulär, med personnummer och hela skiten. Sen gör väl personalen en slagning och då ser man att jag är verksam i SD. Då är man rasist och nazist enligt personalen och som sådan är man inte önskvärd.

Hade man kunnat dra in mitt lånekort, hade man gjort det.

- Så kan det gå när inte haspen är på.

Nä, nu återgår vi till mina arbeten, anställningen innan fogden.

Securitas

Arbetade som väktare hos Securitas, innan jag hoppade på tjänsten hos Fogden. Här började jag i samband med min skilsmässa och tog då samtidigt ett beslut att lägga ner min konsultfirma.

Jobbet som väktare passade mig som handen i handsken. Är man en person som gillar att ta personligt ansvar för det man gör, skall man definitivt bli väktare. Här har man verkligen möjlighet att hålla hög kvalitet i det man gör.

Körde egen ronderingsrunda och mina kolleger körde på andra rundor. Spännande så det räckte och blev över, allt hängde på en själv och de andra fick sköta sitt.

Det negativa med jobbet var arbetstiderna, ständig natt, samt att man arbetade var annan helg.
Osocialt så det förslog, alla vännerna försvann.
Jag var ju aldrig med på fester och till sist blev jag inte ens tillfrågad.

Fem år fick det bli, sedan blev det dagtid hos fogden.
Jag passade även på att flytta från Munka Ljungby, till en lägenhet i Helsingborg.

Med hjälp av några historier, lämnar vi Securitas.

Barkåkra

- 1381.
- 1381, svarar, kom.
- Från 1382, är det du som kör Barkåkra kyrka i natt ?
- Ja, kom.
- Ett litet tips från coachen.
- Så förvånad jag blir".

1381, körs av en av våra yngre tjejer på Securitas i Ängelholm och jag tyckte det var tid för lite skoj. Det är ju allmänt känt att just denna tjej var rädd för mörkret och just nu visste jag att alla anda väktare lyssnade med spänning på "tipset från coachen".

- När du går ronden så startar du med att kolla huvudentrén på kyrkan och går sedan till vänster om byggnaden och sedan är det högervarv som gäller.
- När det gäller prästgården, ska du inte rycka i dörrarna, utan bara kolla att allt är som vi säger är "helt och rent.
- Nycklar och larmkod hittar du i boxen.
- Fick du detta, 1381?
- Ja, kom", svarar hon något irriterat.
- När du rundar kyrkan, så brukar jag mötas av fru Persson så du får va lite bestämd när du kommenderar henne tillbaka till graven.

- I höjd med församlingshemmet, brukar sjökapten Olsson hålla hov och det är mycket gira hit och dit".

Eftersom han vet att jag har ett förflutet som snedseglare, så brukar jag inte ha så stora problem med att få ner honom i kajutan igen.

- Du får väl försöka undvika hans kramar, för han är svag för yngre kvinnor.
- Fick du det 1381?
- Ja, 1382, du kan glömma att jag går ronden på kyrkan.

Det hördes många muntra tillrop över radion och jag fick en utskällning av chefen dagen efter.

Några veckor senare skulle jag som vanligt gå min rond runt kyrkan och det var en sån där riktigt kulen höstnatt, blåsig och blött. Vem vill gå ut i detta väder, mer än en dum väktare från Securitas.

Jag drog min keps så långt ner över öronen jag kunde och fällde upp kragen på min uniformsjacka. Ryckte och slet i dörrarna, kollade alla fönster och förbannade vädret. Fru Persson och sjökapten Olsson, lyste med sin frånvaro som vanligt.

Hade precis kollat att prästbostaden var "hel och ren" och skulle sätta min kängklädda fot på trappsteget ut från området, då jag hör ett skratt som får mitt blod att frysa till is.

Kepsen försvann från mitt huvud på grund av att mitt hår reser sig rakt upp och jag själv lyfter minst en meter från marken.

När jag vänder mig om, så får jag se prästen som står och röker på balkongen.

- Gör du om detta en gång till så svarar jag inte för mina handlingar", blir min kommentar.

Prästen viker sig dubbel av skratt, så roligt tycker han att det är.

- Prästjävel, jag hoppas du sätter fimpen i halsen", tänker jag och går vidare.

Jag lovar mig själv att aldrig mer skoja med mina kollegor, när det gäller ronderingar runt kyrkan, men man kan ju alltid skrämma dom när det gäller ronderingen av småbåtshamnen ute vid Vegeholmsån.

Det gjorde jag också.

Larm

Om man arbetar som väktare så finns det bara ett sätt att få tryck i blodflödet och det är när man åker på inbrottslarm. Adrenalinet pumpar genom kroppen i en hastighet som förvånar vetenskapen och man vill inte ha ett larm i slutet av ett arbetspass. Det är nämligen svårt att återgå till normaltillståndet, avslappnad.

1382, var den tur jag körde på Securitas.

- 1382.
- 1382, svarar, kom.
- Vi har ett inbrottslarm på Handelsbolaget i Hjärnarp.
- 1382, jag åker.
- Herregud, det går flera sektioner samtidigt, var försiktig.
- 1382, uppfattat.
- Klart, slut.

- 1382.
- 1382, svarar, kom.
- Hej det är Jocke, jag tillstöter.
- Kanon, då syns vi i Hjärnarp.

Det var full gas som gällde på vägen mellan Munka Ljungby och Hjärnarp.

Det lät betryggande att Jocke som kör i Båstad skulle komma till min hjälp. Eftersom det går flera sektioner samtidigt, så betyder det att det finns flera personer i fastigheten. Väl i Hjärnarp möter jag en svart BMW och tanken som for genom min hjärna var.

- Fan där mötte jag buset.

Väl på plats slår jag in objektsnumret på radion och centralen vet att jag påbörjar uppdraget. Gör en yttre besiktning som brukligt är, för att konstatera om något är uppbrutet. Så är inte fallet.

- Fan vad konstigt, hur har de kommit in?

Inväntar Jocke och tillsammans går vi in i fastigheten, efter det att jag larmat av. I larmpanelen kan jag se att det är tolv sektioner som löst och det gäller både andra och första våningen. Vi letar som besatta efter platsen där buset kommit in, men hittar inget.

- Fan, vad olustigt" säger Jocke.
- Har vi med någon form av demoner att göra.

Vi skrattar lite tillgjort över situationen.
Nu har även ägaren till företaget dykt upp och tillsammans påbörjar vi en systematisk jakt på dessa demoner.

- Jag kollar på våning två, säger Jocke.
- Jag kollar på kontoren, säger ägaren.
- Jag kollar på lagret och drar batongen.

Efter några minuter hörs ett förfärligt brak från
våning två.

- Fan nu fick dom Jocke, tänker jag.
- Jocke!

Inget svar.

- För helvete Jocke, svara!

Möter vd:n på väg upp och han är alldeles vit i ansiktet
av rädsla. De möts av en hysteriskt skrattande Jocke.

- Jag lutade huvudet mot fönstret, när jag skulle
lysa ut på taket till receptionen och så föll
ruthelvet ut.

Buset hade gått upp på taket, skruvat av listerna på
fönstret och lyft ut det. De måste varit många, för
fönstret var typ 3 ggr 2 meter. Det man gjort var en
rek för kommande inbrott. Man har sprungit omkring
i lokalen, tagit tider, kollat var värdet var, satt i
fönstret och åkt därifrån i en troligen svart BMW.

Några veckor senare blev det ett skarpt inbrott och
man stal datorskärmar, genom att krossa fönster på
kontoret.

Bomben

Det var några dagar för julhelgen 2005 och som vanligt trodde jag att det skulle bli en "Backsis" natt i Securitas tjänst.

För er som inte vet, så är "Backsis" ett vedertaget ord bland FN-soldater för "lätt jobb".

Kollegan Rolf var redan på plats när jag kom till kontoret och kaffekokaren puttrade som vanligt riktigt hemtrevligt. Det låg en härlig doft av nybryggt kaffe över lokalen och Rolf såg enormt lurig ut, han ser alltid lurig, ut men nu var det värre.

- Du får läsa ditt uppdrag för natten ihop med Jocke i Båstad, sa Rolf och skrattade skadeglatt.
- Skitgubbe, tänkte jag, nu har man åkt på en "Bajsmacka" igen.

För er som inte vet, så är "Bajsmacka" ett vedertaget ord bland FN-soldater för "skitjobb".

En hög chef på ett av företagen i Kullabygden hade fått ett mordhot och han skulle dödas med hjälp av en bomb. Killen som uttalat hotet hade precis släppts av kriminalvården, för han hade försökt ta livet av den här chefen tidigare. Då genom att försöka köra över honom med en bil. Polisen tog ju det här hotet på blodigt allvar och killen var efterlyst.

Alla var involverade inom poliskåren och naturligtvis även Securitas, eftersom vi hade bevakningsuppdrag i Torekov, där vi ronderade. Vi skulle rondera runt bostaden varje jämn timme med start 20.00 och polisen skulle köra övrig tid, med start 19.00. Jocke skulle köra första passet, så jag hann köra mina normala stängningsuppdrag i Ängelholm/Munka Ljungby.

Nu är det på följande vis. Jocke ser sig som polisens och Säpos förlängda arm på Bjärehalvön och då ska uppdragen utföras på ett speciellt vis, vilket innebär att alla stenar ska det vändas på.

20.00, rapporterar Jocke att han är på plats och han påbörjar vändning av stenarna, han avsöker alla buskar, kollar alla sopor och kryper runt på gatan, för att kolla vad som eventuellt finns under bilarna. Han till och med avkräver legitimation av en äldre dam som medelst rollator passerar honom på trottoaren. Man vet ju aldrig, det kan ju va en smart kamouflering.

20.30, avrapporterar Jocke med viss besvikelse, att allt är lugnt.

22.00 är jag på plats, går runt, skiter i stenar, sopor och bilar, jag koncentrerar mig på om någon/något som inte ska vara där är där. Allt är lugnt, de flesta verkar se på TV och några har nog lagt sig för natten. Damen med rollatorn syns inte till. Jocke blir besviken när jag avrapporterar och Rolf skrattar.

24.00, det är nu helvetet bryter ut.

Jocke rapporterar att han är på plats och han påbörjar vändning av stenarna, han avsöker alla buskar, kollar alla sopor och kryper runt på gatan, för att kolla vad som eventuellt finns under bilarna, som vanligt alltså.

00.10.

- Det finns en bomb under objektets bil, skriker Jocke över radion.

00.12.

- Jag undersöker bomben och ser till att den inte kan sprängas, kommer det över radion.

00.15.

- Jag har fastnat under bilen, rapporterar Jocke.

Jocke har en kroppshydda som kan beskrivas som stor och jag är inte förvånad över att han fastnat under bilen, han kallas ju för tjocke Jocke.

00.17, det är nu fullständig panik över radion, alla skriker på alla. Rolf skrattar och själv är jag tvungen att åka till Torekov.

- Skitgubbe och förbannade Jocke", vad skulle du under bilen att göra, tänker jag.

00.20, hela Skånes polisstyrka är nu informerad och på väg till Torekov, inklusive bombgruppen.

När jag kommer till Torekov ser det ut som om ett tivoli är på plats, fullt med blinkande blåljus och folk som skrikande förvisas från sina bostäder. Evakuering pågår, panik med andra ord.

Tar mig fram längs gatan, ser bilen och ett par ben som sprattlar under bilen, tjocke Jocke sitter definitivt fast. Ingen vill gå fram, det kan ju smälla när som helst. Jag och en polis går fram, vill ju kolla hur det är med Jocke, bomben skiter vi i. Jocke mår bra, bomben är ingen bomb, utan en julklapp som är utlagd av objektet själv. Man har nämligen som tradition att gömma julklappar till barnen i trädgården, för att de ska leka fångarna på fortet på morgonen.

Fler poliser kommer fram till bilen och med förenade krafter lyfter man denna, Jocke är fri. Tivolit upplöses, alla kan gå hem, Jocke skäms och är nu inte längre lagens förlängda arm i Kullabygden.

05.00, Rolf sätter på kaffekokaren, en underbar doft sprider sig i lokalen och han läser platsannonserna i HD.

   - Vi saknar ju sociala kompetenser, så det finns inga jobb till oss idag heller, säger Rolf.
   - Nä, det är väl därför vi är väktare kan jag tro, svarar jag och njuter mitt kaffe.

Så här slutar helgnatten och vi bryr oss inte.
Allt är som vanligt och det är bara Jocke som stör i
natten.

Objektet som skulle skyddas åkte på en hög böter för
sitt agerande med "bomben". Killen som hotade
objektet, åkte fast och fick en mindre lägenhet hos
kriminalvården.

Midsommar

Just nu ägnas all tid åt ett nytt fotoprojekt, Tågresan.

Har köpt Skånetrafikens Sommarkort, fem rullar s/v film och kemi för att framkalla dessa. I två månader skall jag åka runt som den dåre jag är, för att dokumentera miljöer runt några stationer i Skåne. Bl.a. Malmö, Ystad, Trelleborg, Simrishamn och några mindre på vägen.

Framkallningen av den första rullen gick som smort på midsommar dagen och en rulle Kono 100 "soppades".

Ordet "soppa", är ett vedertaget ord bland fotografer för framkalla.

Negativen skulle digitaliseras med hjälp av en gammal pc och en flatbädds skanner. Det skulle visa sig att båda dessa instrument lämnat jordelivet och dragit sin sista suck. Inget liv över huvud taget, skit.

Ner till Kjell & Company på måndag förmiddag och inköp av ny skanner, för tusen svenska pesetas. Skannern lagrar de digitala bilderna på ett minneskort, så ingen förbannad pc behövs för det. I med kortet i datorn och tanka över.

Stort jubel, fantastiskt roligt men något mörka negativ. Filmen är ju ett experiment, så resultatet är okänt.

Efter två månaders resande och plåtande, både digitalt och analogt, framkallande och otaliga timmar framför pc:n, gav jag upp. Projektet kändes inte meningsfullt, men i Klippan föll polletten ner. Hittade den numera nerlagda Veteranjärnvägen och här fanns motiven. Åtskilliga resor senare och en hel drös bilder i pc:n, var nästa utställning på väg att födas.

2017 var det år som min kreativitet tog ett högt skutt. Fyra utställningar inom loppet av åtta månader.

Hade inte jag stämplat ut som jag gjorde i maj månad, hade jag aldrig hunnit med att låta kreativiteten flöda som den gör nu. Även skrivandet har fått ett riktigt flyt, både i bokform och i bloggen.

- Man skall inte gråta över spilld mjölk.
- Se framåt mot nya äventyr.

Hade jag fortsatt mitt plåtande och skippat det onödiga äktenskapet, så vet man aldrig. Bildskapandet finns där definitivt. Nu är det bara synd att man nått en ålder där det egentligen bara kan gå åt ett håll, neråt. Men å andra sidan håller man hjärnan igång och mår förbannat bra av de framgångar man gör.

En ny utställning är monterad och klar, den skall bara beskrivas i text och döpas.

Har funderar på: Lämnat åt sitt öde, eller kanske något internationellt: Left Behind.
Det blev: Det som blev kvar.

I oktober, åker jag till Nice. Kombinerad nöjes och fotoresa.

Väl åter i Svedala, skall det skickas förfrågningar till olika institutioner. Kanske någon vill satsa på en utställning.

Jag njuter och beställer in nya öl, på Viking.

Sommarjobb och praktik

Min uppväxt präglades av tjat om pengar, hot och total kärlekslöshet.

När jag fyllde år frågade släktingar vad jag önskade mig och svaret var alltid pengar. Jag ville nämligen redan som mycket ung bli oberoende av föräldrarna när det gällde just pengar.

Nästa steg blev att söka sommarjobb, just för att snabba på utvecklingen. Mitt första sommarjobb var att plocka jordgubbar. För att få detta måste man vid denna tidpunkt vara 13 år gammal. Med hjälp av en granne lyckades jag övertyga tjänstemannen på arbetsförmedlingen att jag skulle få jobbet, trots att jag bara var 12 år.

- Du ser ju äldre ut än vad du är, sa tjänstemannen och godkände mig.

Jag inställde mig dagen efter hos ägaren till en stor jordgubbsodling och fyllde i nödvändiga formulär samt fick veta var och när arbetet skulle börja. Upp tidigt på morgonen och iväg per cykel. Jobbet var otroligt slitsamt och förtjänsten klen. Men det var mina egna medel och ingen annan kunde bestämma över dessa. Definitivt inte föräldrarna.

Året därpå fick jag jobb som tidningsbud. Vid den här tiden, på 60-talet, hade varje morgontidning sina egna bud. Fick jobb hos socialdemokratiska Arbetet, ett semestervikariat på fyra veckor. Tidiga mornar igen, men vad gjorde det, förtjänsten var god. Området låg i samma kvarter där vi bodde, perfekt.

Den sommaren reste familjen till Italien och jag hade egna Lira att spendera. Vilken underbar känsla, att kunna göra precis som jag ville. Det blev till och med medel över på bankboken. Dessutom kunde jag köpa ett begagnat trumset och påbörja en kort karriär som trummis. Lektioner hade jag tagit genom ABF.

Nästa sommar ökade inkomsterna, eftersom jag då blev gatuköksbiträde i en korvkiosk på Råå camping. Ett otroligt roligt arbete bland andra ungdomar.

Året därpå återfanns jag i gatuköket igen, men då som arbetsledare för ett eget skift. Inkomsterna ökade igen och nu var det riktigt kul med kvällsarbete.

Bara ungdomar och en massa hyss och upptåg. Nakenbad i bassängen på nätterna och fusk med svinn, vilket innebar att campande ungdomar från Tyskland och Frankrike fick gratis mat efter stängning. Mot att de bjöd på alkohol och cigaretter. Kanon sommar.

Den hösten började jag på gymnasiet och fick en förfrågan från ägaren till gatuköket som även ägde en hamburgerbar i centrum, om jag ville jobba helger.

Från den hösten och fram till studenten var jag gatuköksbiträde varje helg. Har aldrig fått en krona av mina föräldrar sedan dess och aldrig bett om det heller.

Den kemiingenjör linje som jag studerade vid, hade som krav att mellan studieår 1 och 2, skulle man arbeta praktiskt. För min del innebar detta att jag arbetade 12 månader på Tretorn och i deras laboratorium som laboratoriebiträde.

Eftersom det var en fast anställning med avtalsenlig lön, ansåg min far att jag skulle "betala hemma". Så sjuka var föräldrarna när det gällde pengar, så jag fick betala 200 kr av min månadslön på 1200 kr. Varje lönedag skulle dessa pengar redovisas för fadern.

Om någon nu undrar varför jag inte hade ett bättre förhållande till mina föräldrar, så undra vidare.

November

Det har blivit ett rejält hopp i mina dagboks-
anteckningar, från juli till november. Beror detta på
total kaos eller ligger annat bakom.

Det mesta av sommar perioden och den tidiga hösten
har gått åt att sammanställa kommande utställnings-
material. Åtskilliga resor mellan Helsingborg och
Klippan har genomförts, fotograferande både digitalt
och analogt.

Framkallning av filmer och scanning av de samma.
Justering i Lightroom och utskrifter av provbilder. Sen
stor vånda av vilka bilder som skall plockas med.
Slutligen montering av de bilder som valts ut.

Lagom tills att jag skulle åka till Nice i början på
oktober, var allt klart. Resan till Nice blev ett skönt
avslut och laddning av batterier. Gjorde som vanligt
när jag reser, väljer ett billigt boende så centralt som
möjligt. Hotellet jag valde låg mitt i bohemkvarteret
och granne med de arabiska området.

Nice var helt fantastiskt som stad att besöka, rent och
snyggt med en intressant stadsdel, gamla Nice.
Funderade länge på var i helvete jag fick mina
myggbett ifrån. Det var i den gamla stadsdelen, med
sina trånga gränder ditt solen aldrig nådde. Det satt till
och med en varningsskylt mot mygg, när man gick in i
stadsdelen.

Det var dyrt så det förslog, det var priser som passade för de amerikanska turisterna och inte för en svensk. Tur att jag bodde där jag bodde, för i bohemkvarteren var ölen billig och i arabkvarteren kunde man ät utan att bli rånad.

Hittade en bra jazzbar, med god öl och fantastisk musik. Mitt över låg en arabisk restaurang och här intogs de flesta middagar.

Sammanfattningsvis kan man säga att det var en mycket bra vecka och bara man hälsade på franska, så var alla jag mötte otroligt hövliga. Att gå över till engelska var inget problem. Sen var det kanske inte till min nackdel att jag bjöd på cigg när någon bad om det.

Väl hemma i Sverige igen, hörde biblioteket i Bjuv av sig och de ville att jag hängde mina nya bilder under februari 2018. Det börjar röra på sig, Ängelholm har ännu inte svarat och en förfrågan har skickats till Perstorp.

Ny passepartouter har beställt och några av de gamla bilderna skall ramas igen.

Funderar på att gå runt bland stadens fik och försöka få hänga några av bilderna där. Marknadsföringen måste ta fart, ättestupan närmar ju sig. Fick napp direkt, i juli 2018 ställer jag ut i Zoegas Café.

Det känns som om 2018 blir ett nytt bra år.
Firade med en pilsner på Viking.

Spöket

Det vita "sjoket" tvärnitade framför Siv.
Siv som nu lugnat ner sig såg att "sjoket" var en person som dragit ett vitt lakan över sig och det enda som syntes var ett par osnörade höga armekängor. Till och med katten hade blivit modig och satt fräsande på en trädgren över sjoket.

- Kjelle vad håller du på med, sa Siv irriterat?
- Kjelle? Sa sjoket och drog av sig lakanet.

Framför Siv stod han, det i förtid pensionerade före detta budet Frasse. Siv gapskrattade för synen framför henne var helt obetalbar. Han var iklädd ett par osnörade höga armekängor, kamouflage kalsonger, ett par solglasögon av märket Ray Ban, under hängbuken hängde bältet med rätt "equipment" och som kronan på verket en hjälm på huvudet.

- Hur fan ser du ut, sa Siv.
- Jag har fått ett jobb som "under cover" spanare och då trodde jag att man skulle jobba under lakanet, sa Frasse.
- Mycket ska man få uppleva här i livet, men du tar ju priset.
- Varför springer du runt här mitt i natten, fortsätter Siv?
- Jag skulle träna lite för att få in rätt känsla, men glömde att klippa hål för ögonen och då gick jag vilse för jag ser inte ett skit med solglasögonen på.

Nu hade katten också blivit lite modigare, slängde sig ut från trädgrenen och på väg ner passade han på att göra två revor i Frasses kalsonger. Där fick du ditt spöke.

Värnplikten

Den 4 juni 1973, inställde jag mig för tjänstgöring vid Kungliga Göta Ingenjörregemente. Under tolv månader skulle det vändas klack i Eksjö. Tjänstgöring som motorbefäl med utryckning som värnpliktig sergeant.

Det var en rolig tid och jag stortrivdes med det militära livet. Mest var det nog för att jag slapp mina tjatiga föräldrar.

Det blev dels vanlig ingenjörstjänst såsom, brobygge, minering och sprängning. Motortjänsten innebar att lära sig behärska olika fordon men även allt annat som drevs med motor.

Som furir efter halva tjänstgöringstiden blev det tjänstgöring på trupp. Det innebar att jag förde befäl över de värnpliktiga som ryckt in senare och fick då ihop med stambefälet sköta deras utbildning.

Eftersom jag var motorbefäl hamnade jag ju på ett motorkompani. Hur jävla kul som helst. Hade definitivt fallenhet för befälsföring och att leda trupp.

Fortsatte min militära utbildning och blev så småningom fanjunkare, den högsta graden som underofficer.

Jag var en av få på regementet som hade det gott ställt ekonomiskt under värnplikten, eftersom jag arbetat på helgerna och sparat slantar. Den militära lönen var inget man ropade hurra för.

Jag fick aldrig nöjet av att ta studenten ihop med mina studiekamrater, eftersom jag ryckte in en vecka före skolslutet. När jag kom hem på min första permission låg där ett kuvert med betyget från skolan.

Någon studentfest blev det inte för mig, inte i hemmet i alla fall. Det blev några öl på Dickens ihop med flickvännen på lördagen.

Första jobbet efter lumpen

Den 31 maj 1974 lämnade jag militärtjänsten vid Ing 2 i Eksjö, med goda vitsord, tjänstegrad sergeant och med 2500 kr i utbildningsbidrag.

Efter 12 månader i uniform skulle jag njuta av det civila livet. Vilken miss, alla kompisar jobbade och själv bodde jag kvar hemma.

- Du kan ju ta han om våra hundar tyckte föräldrarna.

Efter två dagar stod jag inte ut utan åkte till arbetsförmedlingen.

På den tiden var allt analogt och det fanns ett kartotek, som personalen bläddrade i för att se om det fanns ett lämpligt arbete. Laboratoriearbete var inte att tänka på, var ju utbildad för detta, men eftersom jag kört lastbil i lumpen kunde jag ju bli chaufför.

Femton minuter senare stod jag på Skogaholms Bageri och blev anställd som sommarvikarie på Tur 1. Detta var en runda som levererade till alla hotell, små butiker och några mindre restauranger. Började klockan fem på morgonen med att lasta i körordning och klockan sex började leveranserna. Sex dagar i veckan, lördagen något kortare arbetstid.

Den roligaste dagen var torsdagarna, för då skulle de kunder som inte var betrodda med att få faktura, betala kontant. Kvitterade ut en stor plånbok med växel och sen började jakten. Det var inte alla som ville betala.

En ägare till en sommarkiosk fick jag jaga över stranden för att få betalt. Undrar vad badgästerna tänkte när kioskägaren sprang för livet med mig efter sig. Pengar fick jag inte och korv- och hamburgerbrödet åkte med tillbaka igen.

Väl tillbaka på bageriet blev jag uppkallad till chefen, med titeln Disponent.

- Kioskägaren har ringt, sa han leende.
- Du får åka dit igen, så får du pengar.

Fan vad killen i kiosken skämdes när jag kom dit, men betalade gjorde han.

Hade även en del kunder som envisades med att betala med mynt. Ett jävla släpande och kontrollräknande.

När sommaren tog slut, tog vikariatet på Tur 1 slut och jag fick arbeta några veckor i bageriet. Jobbet började fyra på natten och det blev till att tömma ugnar på färdigt bröd. Tungt som fan. När allt bröd var klart, skulle jag till förpackningslinjen. Kärringarna i packningen hade förbannat roligt när jag stod i slutet på linjen. De ökade hastigheten på bandet, så de förpackade bröden for som projektiler från snurran.

Det är ju alltid kul att jävlas med en yngre kille. Det var inte bättre i duschen, de drog sig inte för att komma in helt näck, för att få mig att rodna.

Det fanns även en dvärg på lagret och varje dag kastade de honom i ett blandningstråg fullt med vatten. Kan man kalla detta för mobbing?

Som tur var så hade jag träffat en av de anställda på Tretorns laboratorium, på vilket jag praktiserat under ett år, mellan två terminer på gymnasiet. Hon skulle snacka med chefen, för det fanns tydligen en vakans på labbet.

Blev uppringd av den tekniska chefen och erbjuden ett jobb som ingenjör, på det kombinerade utvecklings- och kontrollabbet.

Tretorn, livsmedel och plast

Då var man tillbaka på Kaddoran, som företaget kallades i folkmun.

Åren på företaget skulle visa sig vara några av de bästa åren i mitt yrkesliv. Skulle få jobba med allt och inte bara gummiblandningar.

Tretorn var helt självförsörjande på det mesta, man köpte råvaror och sen förädlades dessa till sådant som, tyger, läster, kartonger etc. Naturligtvis gummiprodukter som, stövlar, bollar, skor, handskar etc.

Meningen var att jag skulle bli färgmästare och ta över färgeriet. Men av detta blev det inget för 1978 började nermonteringen av Tretorn och 1991 tog sagan slut.

Företaget hade vid den här tiden runt tretusen anställda i ett stort antal byggnader, så det var lätt att försvinna och hålla sig undan. Hur man gjorde fick jag lära mig ganska tidigt av en trotjänare på labbet.

- Du tar bara en burk med klister och sen kan du gå runt med den hela dagen.
- Om någon frågar vad du gör, så säg bara att det är ett prov du är på väg med".

Jag var ju ung på den tiden, 20 år och firman var full av vackra flickor, så tipset användes ofta. Var ganska svag för de grekiska skönheterna, så grekiska avdelningen blev mitt favorit tillhåll.

Någon grekiska blev det inte, utan jag höll mig till min flickvän och köpte ett nybyggt hus tillsammans med henne utanför staden.

Tyvärr höll inte förhållandet utan jag byttes ut mot en läkare och det var ju ett bättre kap en sketen ingenjör. Tjejen gjorde senare ett karriärskutt från flygvärdinna till tågvärd.

- Hej och hå, ut i det blå.

Mellan 1978 – 1986, arbetade jag först hos Indra AB och sedan hos Sydplast AB.

Det nybyggda huset såldes 1978, eftersom min sambo flyttade till Malmö och blev särbo med läkaren. Jag flyttade till en lägenhet i närheten av min arbetsplats, Indra AB.

Det var vid den här tidpunkten som min fotografiska och kreativa ådra kom i dagen. Köket byggdes om till ett fotolaboratorium och hela lägenheten luktade gott av framkallningskemikalier. Vilken doft, helt underbar och att får se bilderna framträda på fotopapperet. Vilken kick.

Jag blev headhuntad tillbaka till Tretorn, 1986. Laboratoriechefen på bollavdelningen hade fått reda på att jag arbetade med polyeten, på Sydplast AB och det var något man börjat intressera sig för i bolltillvekningen.

Här blev det åter utvecklings- och kontrollarbete, men även en tjänst som chef på blandnings avdelningen. Ett år på fabriken på Irland, som Supervisor skulle jag också hinna med och en runda till Libanon för FN.

1991 stängde Tretorn i Helsingborg och jag började läsa till ekonom på Komvux.

1978 träffade jag den tjej som sedan blev min hustru. De åren med henne skulle komma att innebära ett förbannat flyttande från hus och lägenheter. Fem bostäder hann vi med och den sista låg i Ängelholm. Samtliga boenden lämnades med ekonomiska förluster.

Min kreativa ådra förtvinade under denna period och fotograferandet stoppades undan i ett förråd.

Skit samma, 2003 gick vi skilda vägar och nu är hon historia. Jag är glad att det gick som det gick, för nu fick jag tid för mitt fotograferande igen.

I Basker Blå

Våren 1988 sökte jag en tjänst som underofficer vid den Svenska FN-bataljonen i Libanon och hösten 1988 fick jag äran att tjänstgöra i basker blå.

Det kan tyckas konstigt att man söker sig till en krigszon, när man har familj och två små barn. Min hustru hade inget emot att jag försvann i väg sex månader, tvärt om.

Var hon redan trött på mig? Skulle tro det, äktenskapet blev aldrig sig likt efter tjänstgöringen och det blev ju skilsmässa så småningom.

Den 18 oktober inställde jag mig för utbildning och tjänstgöring vid Ing1 i Södertälje.

När de civila persedlarna lämnats in för förvaring i förråd och den militära grön uniformen tagits på, var jag inte länge ingenjör Svensson.

Nu var jag Warrant Officer Svensson, vid Ingenjörkompaniet Svenska FN-bataljonen i Libanon och skulle så vara i sex mån. Min tjänstegrad var fanjunkare (vilken jag för övrigt är väldigt stolt över), uppgiften var primärt att leda trossgruppen och sekundärt att tjänstgöra som stf. kvarters-mästare på kompaniet.

Utbildningen skulle genomföras under två veckor och sedan skulle transport ske till Libanon. Vi skulle lära oss hur man uppför sig i ett muslimskt land, hur man tjänstgör i checkpoint, fritar gisslan och allehanda krigiska handlingar bl.a. skarpskjutning med olika vapen.

Vi skulle även vaccineras mot olika sjukdomar, både möjliga och omöjliga. Har aldrig fått så många stick i mitt liv, full av hål kändes det som.

För min del varade utbildningen bara en vecka, sen skulle jag ner till Libanon och jobba.

Flög från Arlanda en kall måndags morgon med ett Herkules transportplan. Det blev en resa på åtta timmar utan toalett och vid första mellanlandningen i Grekland for 20 man ut från planet och pitt ut. De grekiska soldaterna som stod vakt, fick sig säkert ett gott skratt.

Så småningom kom vi att landa i Israel och där skulle vi tillbringa natten. Det var en mycket stor omställning temperaturmässigt, kallt med minusgrader när vi åkte och 30 grader varmt med enorm luftfuktighet, när vi landade.

Vi bussades till vårt hotell och bestämde oss för att gå ut och ta en öl. Mina cigaretter tog slut och det fanns inga att köpa i baren eller rättare sagt, de ville inte sälja till mig. FN soldater var inte så populära i Israel och nu började mitt äventyr på riktig.

På väg till hotellet blev jag arresterad av Israeliska säkerhetsstyrkor, på grund av att jag bar en blå morakniv i bältet. Vi fick ju inte bära vapen till vår uniform i Israel. Kastades in i en pansarbandvagn och utsattes för förhör. Nu var det inte så mycket lönt att förhöra mig, för jag hade ju fått några öl innanför skjortan och dessutom tyckte jag, att finns det ingen israelisk fanjunkare som kan sköta snacket så får det vara. Ut åkte fanjunkare Svensson och det skulle visa sig att det var inte sista gången jag skulle arresteras av Israeliska säkerhetsstyrkor.

Har tydligen en fenomenal förmåga att råka ut för lite ovanliga äventyr då och då. Blev för övrigt arresterad av Israelisk polis när jag och min chef försökte sno en vägskylt i Naharia. En hygglig barägare snackade oss ur den situationen, bara vi lovade att lämna staden.

Det gjorde vi och åkte dagen efter till Egypten, med nya äventyr i bagaget.

Libanon, äntligen

Tisdag morgon, frukosten avklarad och tio förväntansfulla svenska soldater har äntrat bussen.

- Kör, kör, vi vill till Libanon och den svenska campen, ropade vi.

Vi hade nu 4 timmar framför oss i en skraltig buss innan vi skulle nå vårt slutmål Naqoura i Libanon. Resan skulle följa följande rutt: Tel Aviv – Natanya – Haifa – Naharia – Rosh Hanikra – Naqoura.

Vi skulle följa kusten under hela resan. Att man inte fick nackspärr under den här resan måste ses som ett smärre under, för våra huvuden måste ha roterat något enormt. Så mycket att se och inget fick missas. De delar av Tel Aviv som vi åkte igenom verkade mest vara industriområden och ganska så trista. Man fick inte intrycket av att det var en välmående storstad.

Natanya var ju en turiststad och en ganska populär sådan i början på 80-talet, det gick ju ganska många resor hit med turister från Europa. Det var länge sedan man såg resor hit från vårt Sverige. Det är väl för sig inte så konstig med de oroligheter som finns i det här landet. Dessutom är det ju så att det mesta av turisterna pengar bekostar Israelernas olika krig och idag är väl ingen så intresserad av att stödja detta.

Haifa var en intressant upplevelse, för här passerade vi igenom den stora hamnen. Alla leveranser från per båt hamnar här och här finns även den Israeliska flottan baserad.

Mycket av förnödenheterna som ska vidare till UNIFIL landar också här, för vidare transport till Naqoura. UNIFIL är ju namnet på den FN styrka som vi skulle ingå i.

Mellan städerna blev det mycket vatten på vänster sida av bussen och öken på den högra sidan. Man fick med andra ord både vatten och sand så det räckte och blev över. Hela kuststräckan var dessutom minerad, för att inte PLO skulle kunna landstiga. De stränder som inte var minerade, var istället befolkade med en hel drös soldater. Kan inte ha varit något vidare för turister att sola och bada på dessa ständer, med alla dessa gloende soldater.

Nästa stad som passerades var Naharia och även här har det tidigare varit gott om turister. Hotellen fanns kvar, men ständerna var minerade. I Naharia bor all civilanställd UNIFIL personal, observatörerna med familjer samt alla andra korttidsanställda underleverantörer till FN med familjer. För att driva en militär FN operation krävs det en stor civil organisation och det fanns några hundra civila som skötte mycket av logistik och administration, som vi aldrig träffade.

Det sista stoppet innan vi nådde Libanon, var gräns-passagen, Rosh Hanikra. Denna låg på en hårt bevakad höjd med en bra utsikt ner över Naqoura. Att passera gränsen var en omständlig uppgift och militärpolisen gjorde allt för att det skulle ta så lång tid som möjligt. Som jag nämnde tidigare var vi ju inte direkt välkomna, så kunde man ställa till problem så gjorde man det. Rosh Hanikra är förutom gränspassagen mot Libanon, även en avlyssningsstation av all radiotrafik av FN frekvenser. För att klara av avlyssningen så bemannas stationen av bl.a. avhoppade militärer från de deltagande länderna.

Flertalet av dessa var gifta med israeliska kvinnor. Varje deltagande nation hade ett eget radionät där all trafik genomfördes på det landets språk. Det var ju viktigt för Israelerna att hålla koll på vad de sände för information till sina bataljonsstaber. Information som de inte ville att Israelerna skulle ha koll på, lämnades över telenätet, det var ju väl utbygg, genom Telia.

Efter någon timme fick vi äntligen tillstånd för passering och äntligen hade vi nått Libanon. Nu var det bara en kort resa till UNIFIL:s stora camp i Naqoura.

Inmarsch i Naqoura

Bussen stannade på drivmedelsplatsen, som låg en bit utanför Naqoura Camp och det kommenderades:

- Avstigning.

Vi fick order om att ställa upp på två led och nu skulle vi marschera in genom den södra "Gaten" och in på appellplanen, för avlämning till bataljonschefen. Ur högtalaranläggningen ljöd nu "In The Army Now", med Status Quo. Det kommenderades:

- Avdelning framåt marsch.

Och till musiken marscherade denna lilla grupp. Känslan var helt enorm, hela marschvägen var kantad av soldater från olika nationer och väl framme på appellplanen stod den svenska bataljonen uppställd, nästan sexhundra man. Vilket välkomnande, Bataljonschefen höll ett välkomsttal och önskade oss lycka till under vår mission. Där efter överlämnades ordet till en stabsofficer som kommenderade:

- Say hello to the Pinky's.

Bataljonen på sexhundra man svarar då:

- Hello Assholes.

För en utomstående kan detta uppfattas som kränkande, men vi uppfattade detta som ett varmt välkomnande. Vi som kom ner var gräddvita i hyn och de sexhundra var ju solbrända. Så visst stack vi ut.

Det kommenderades:

- Höger vänster om.

Vi blev omhändertagna av personal från det kompani som vi skulle ersätta. Fick hämta ut packning och vapen, den välkända k-pisten m45B, blå hjälm, skyddsväst och skarp ammunition. Vi fyllde två magasin med ammunition och laddade våra vapen. Nu var leken slut, nu var det blodigt allvar.

För att det skulle bli en för oss nya en orolig resa, så berättades den ena historien värre än den andra om vad vi skulle råka ut för. Vi skulle utsättas för minsprängningar och regelrätta överfall. Vad det var kul att lura en "Pinky" och visst gick vi på det. Det kommenderades:

- Uppsittning.

Jag hamnade i samma Jeep som den avgående kvartermästaren. För övrigt en trevlig kille som skulle komma att lära mig en hel del om förhållandet i området, under den vecka vi skulle jobba ihop.

Mot Camp Nordstjärnan

Resan skulle ta en timma och den skulle ta oss genom en del av den Israeliska buffertzonen, som försvaras av den sydlibanesiska armen, SLA eller De Facto Force, DFF som de också kallas.

SLA består av män rekryterade bland befolkningen boende i buffertzonen. Dessa libaneser ses som överlöpare av den övriga befolkningen i Libanon. De ses även med misstro av befolkningen i Israel och de skulle inte få det lätt om buffertzonen skulle försvinna dvs. om det skulle bli fred i området. Nu är det ju inte tänkbart så länge Hizbollah och PLO finns till.

Efter att ha passerat en israelisk checkpoint, kom vi in i operationsområdet. Resan skulle nu ta oss genom den NEPBATT och FIJIBATT, med slutmål i GHANBATT och staden Jwayya.

Vi åkte på vägar som mer skulle beskrivas som stigar. Den gick över berg och dalar, vi passerade olivlundar, apelsin- och bananodlingar, samt annan jordbruksmark. Vi fick också möjlighet att se några av det fåtalet cederträd som fanns kvar. Cederträdet är Libanons nationalsymbol och den återfinns på bl.a. Libanons flagga. Växtligheten är väldigt sparsam på berg och kullar, eftersom man huggit ner träden för att få bränsle och därmed har jorden spolats bort av regnet och berggrunden blivit synlig.

Så här ser hela det område ut som vi kommer att vara verksamma i, en stenöken med odlingar i dalgångar och på slätmark.

Jorden är för övrigt rödfärgad eftersom den är vulkanisk.

Under hela resan satt jag på helspänn och med k-pisten skjutklar. Visste ju vad som kunde hända, men resan blev en ren turistresa och våra kompisar njöt av vår oro. Det blev varken några minsprängningar eller överfall.

Campen

Vi kom till slut fram till Camp Nordic Star, som var namnet på Ingenjörskompaniets camp.

Campen låg i en by mitt i krigsområdet som heter Jwayya och på en kulle som också gick under namnet "Bögarnas Kulle". Vi var 125 killar som bodde där och eftersom alla var potentiella våldtäktsmän, så fick inga kvinnor tjänstgöra på kompaniet. Anledningen var egentligen den, att bataljonens högkvarter ville ha kvinnorna för sig själv.

Nu var ju ingenjörsoldaterna större charmörer, så de kvinnliga soldaterna sökte sig till Camp Nordic Star, till högkvarterets stora förtret. Under min tjänstgöring rådde det stor fientlighet mellan Campen och högkvarteret.

Mitt dagliga jobb var primärt att leda en styrka på åtta man som skötte all försörjning av livsviktiga förnödenheter som vatten, färska råvaror, sprit, öl och cigaretter. Var även huvudansvarig för kompaniets taxfree butik och att kompaniets tvätt lämnades och hämtades i tvätteriet. Sekundärt skulle jag även se till att koket fungerade, att sjukstugan var i drift och att staben alltid var bemannad dygnet runt, speciellt med signalister.

Jag var även ansvarig för ordningen i matsalen och toastmaster i officersmatsalen, eftersom jag var ställföreträdande kvartermästare

Det blev en tid med både sorg och glädje, denna period på sex månader av mitt liv och den skulle jag aldrig vilja ha ogjord.

När jag kom åter till Sverige var jag både medaljerad FN-yxa och mottagare av Nobels Fredspris.

Hur livet på och utanför campen kunde te sig, blir en återkommande fortsättning.

Nyårssupé

Vi var alla samlade utanför restaurangen och alla var uppklädda inför denna supé. Förväntningarna var på högsta nivå, äntligen Nyår. Nu väntade vi bara på att källarmästaren skulle hälsa oss välkomna.

Dörren öppnades och där stod han källarmästaren för kvällen.

- Välkomna till bords, hälsade denna gentleman.

Vi fick våra bordsplaceringar och alla intog sina platser. På bordet fanns en välkomstdrink och efter en stund lossnade banden på våra tungor och det hördes ett trevligt sorl i hela lokalen. Ur högtalarna strömmade lite dämpad musik, allt för att vi skulle komma i rätt stämning. På bordet låg även vår meny för kvällen och nu vidtog vårt val av dessa läckerheter.

Som förrätt kunde man få: Skagen Canpé, Lax Toast eller Kantarell Soppa.

Som varmrätt erbjöds: Filé Oscar med vinterns primörer, Vitlöks späckad filé eller Halstrad Gravlax med stuvad potatis.

Som dessert fanns det: Stekta Bananer med glass, Frödinge ostkaka med saftsås eller Varius Icecream dessert Adelsköld.

Som ni förstår så vattnades det i munnen bara man läste menyn.

För min del intogs följande och i den ordning som det skrivs:

Lax Toast, Vitlöks späckad filé och Stekta Bananer med glass.

Några öl fick fukta strupen under resan och två snapsar till det facila priset av en dollar, slank också ner. En dollar, motsvarade sex kronor 1988. För övrigt kostade det här kalaset oss inte en sekin.

När alla avnjutit denna underbara supé, tyckte källarmästaren att det var dags att röra på sittfläsket och det skulle ske medelst dans. Att jag skulle få för mig att bjuda upp min partner för kvällen var helt uteslutet. Kunde inte tänka mig att ta en svängom med signalist Andersson. Det skulle min själ krävas gott om öl och snaps inför en sådan bedrift.

Samtliga välklädda gäster i denna lokal tillhörde det gäng som 20 dagar tidigare mottagit Alfreds Nobels Fredspris och på våra bröst glänste denna utmärkelse.

Att historien utspelar sig i Libanon 88/89 har ni nu förstått och när nyårsnatten övergick i nyårsdagen, var det 125 dimmiga killar som somnade gott och drömde om de sina i Sverige.

- Mitt åt!

Femton killar sov inte och de var inte dimmiga heller. Det var grabbarna som höll vakt.

Torsdag kväll

Jag har varit på Högastensskolan och lyssnat på lite klagosång från de boende på Råå. Var där som åhörare för partiet och satt tillsammans med en kollega längst bak i salen.

Staden utreder just nu en flytt av nuvarande bibliotek på Råå, till centrumet några hundra meter bort. Nuvarande bibliotek är för litet och otidsenligt. Den södra delen av staden är under förändring och det gäller att placera biblioteket där människor rör sig. Inte på en undangömd plats, som idag.

Att Råå håller på att förändras och verksamheter flyttar därifrån, är framtidens utveckling. Rååborna gnäller över sin "sjuka moster" och vill att allt skall vara som före år 1900.De skulle med glädje införa häst och vagn igen, om det bara gick. Ingen framåtanda här inte.

Det håller inte, staden växer och det gäller att hänga med. Jag har tröttnat på alla "gråtare" som inte kan se framåt, utan bara bakåt.

Åter till centrum slår jag mig ner i baren på Viking och Louise slår upp öl.

- När åker du till Mostar, frågar jag.
- Nästa onsdag och jag hämtar mitt pass i morgon, blir svaret.
- Hoppas du får en skön semester och kommer hit med nya krafter.

Klockan hinner bli 22.00 och jag lämnar Viking.

- Ha det bra alla och sköt om er därute, är mitt
avskedsord.

Jag släntrar iväg över torget, medan regnet sakta faller från
skyn.

- I morgon är det en ny härlig dag.

Janssons Frestelse

Jag har tagit på mig uppgiften att sondera terrängen runt Costa del Sol, efter ett boende passande för skandinaviska pensionärer.

De åttas gäng i skrivarklubben var eld och lågor, efter Agge,s framtidsversion av ett ålderdomshem i Marbella. Det var handplockad ung personal, speglar som visade upp en drömbild och diskotek. Vi får väl se vad jag hittar när väl dimman lagt sig.

Laddade kaffekokaren för nu skulle det sökas på nätet och det skulle nog ta sina modiga timmar. Tur att Google finns. Att hitta lämpliga fastigheter som skulle kunna byggas om för att passa som boende för ett gäng pensionärer, var inte så svårt. Det fanns till och med fastigheter som redan var konverterade för uppgiften.

Det som satte krokben för projektet var just priset, hyran skulle bli för hög och det skulle vi inte klara av. Skulle man sen även ta med den unga handplockade personalen, speglarna och diskoteken, ja då var det ju riktigt kört. Var nära att ge upp när jag såg adressen till hemsidan, Camp Jansson.

Camp Jansson var ett redan existerande boende för pensionärer och dessutom var allt all inclusive, beläget i Ronda strax norr om Marbella. Det här lät ju väldigt bra, för bra. Allt ingick, mat, dricka och dessutom kostade det inget att bo på stället. Här gällde det att kolla vidare, var fanns det finstilta? Vem drev det här stället?

Döm om min förvåning när jag får se en bild på ägaren, det var sin gamla stridskompis, den enögda furiren Jansson. Vad har han nu hittat på? Furir Jansson hade alltid något på gång och ofta slutade det med en katastrof. Jag läser vidare. Det är ju en vingård Jansson driver: Bodega Don Jansson. Kollar bilderna på sidan, flott boende, flott matsal och fin natur. Det är bra, för bra, var är det finstilta.

Nu förstår jag: pensionärerna är gratis arbetskraft. Jag skickar ett mejl till furir Jansson och får svar omgående.

Kom hit din skurk, jag behöver en ny kommendant, den förra drunknade i ett vinkar när han skulle ta sig en klunk. Jobbet är perfekt för en gammal fanjunkare och kvartersmästare som du. Du ska bara sköta om logistiken, varor in och varor ut. Ta med din paraduniform med medaljer och allt och de unga spanjorskorna faller som käglor. Du vet ju hur svaga kvinnor är för män i uniform. Skickar över ett dagsprogram och lite information om de övriga anställda.

OBS! Det det gäller inte för dig och mig, vi kör eget schema.

Dagsprogram gällande för måndagar till lördagar.

0530	Revelj	Rummen ska vara städade innan fysen.
0600 - 0630	Fys.	Leds av den fd legionären Sgt René
0700 - 0730	Frukost	Duschade och ombytta för arbete
0730 - 1300	Arbete	Förekommande uppgifter på vingården

1300 - 1400	Lunch	Intages i matsalen, klädsel hel och ren
1400 - 1700	Siesta	Enskild vila
1700 - 2100	Arbete	Som tidigare
2130	Middag	Klädsel: Högtidsdräkt (militär), festklädsel (civil).
2300	Tapto	Tyst och släckt

Söndagar: fri aktivitet.

Anställda:

Sergeant René, fd legionär i de fria franska specialstyrkorna. Efter hans fyspass känner alla sig som 25. Inte en led som gör ont.

Korpral Krut, fd infanterist från Kronobergarna, enarmad, men är en duktig arbetsledare.

Korpral Bölja, fd matros, tål inte längre vatten, men är en duktig arbetsledare.

Furir Kål, fd kockchef på ubåten Viggen. Sköter köket ihop med 5 före detta franska glädjeflickor.

Dessa sköter även om de manliga åldringarna, Krut och Bölja fixar kvinnorna.

Vad säger du? Skit i fogden och kom hit till glädjens Bodega.

Camp Jansson ser ut som ett bra alternativ. Gratis, flott boende och personlig service. Tror det slår Agge:s ide. Undrar vad de åttas gäng tycker?

Tillsammans

Vad var det nu Jansson skrev? Jo, skit i fogden och kom hit till glädjens Bodega.

Det blev så, jag sa upp sig och stack från Sverige. Det var helt rätt, jag hade kommit till himmelriket.

Camp Jansson låg på den södra sluttningen, strax utanför Ronda. Vinrankor så långt ögat kunde nå och i horisonten skymtade man Medelhavet. Solen sken och temperaturen låg på behagliga 18 grader, humöret var på topp.

Vin fick jag så mycket jag orkade och maten dignade i överflöd, ett par kilo syntes runt magen. Såg jag inte upp skulle jag snart likna en uppblåst kebab. Det där med uniformer och sköna spanjorskor stämde också, dom föll som käglor och jag fick min motion.

Jag och dom sju andra i skrivarklubben har nu varit här i 8 månader. Gänget dök upp i mars, kunde inte hålla sig kvar i Sverige. Pengar saknade vi inte för vår bok med samlade historier hade släppts i januari och succén var given. Det var skönast att hålla sig borta från det gamla hemlandet, uppståndelsen var för stor.

Nu var det måndag morgon och vi skulle ha produktionsmöte.

Närvarande: Furir Jansson (ägare till Bodegan), Fanjunkare Svensson (kommendant), Sergeant René (fysledare och produktionschef), Korpralerna Krut och Bölja (arbetsledare).

- Vi kör väl laget runt som vanligt och vi börjar med kommendanten, sa Jansson
- Produktionen håller inte måttet och nu börjar Systembolaget klaga över de sena leveranserna. Det här måste vi ordna upp, sa jag och såg lidande ut.

René hade tydligen redan somnat, men en välriktad fanjunkarspark på stolsbenet fick sergeanten att vakna.

- Öh, fyspassen går som planerat, det är bara den där Ylva som gnäller över en lårbenskula som hoppar ut och in, sa René. Jag ska nog få ordning på den damen också, har haft hand om värre simulanter.

Krut och Bölja såg totalt slutkörda ut och Jansson undrade om de hade svårt att komma i säng.

- Nä, sa Bölja, problemet är att det står en dåre och sjunger någonstans på området, men det ska jag nog snart få slut på.
- Mitt problem stavas Mona, sa Krut, hon tror att hon är någon form av primadonna och struttar runt bland vinrankorna och plockar en druva här och där. Alla andra sköter sin tjänst tillfyllest.
- För övrigt tycker jag att damerna har förstora krav på service efter det att reveljen blåsts, tillade han.
- Vi orkar inte med alla dessa fruntimmer, vi måste få någon dag ledigt, sa Bölja.
- Vad jag förstår, sa Jansson, så är herrarna Lars och Jan nöjda med den service dom får.
- Det tro fan det, dom har ju ett helt harem från köket att ösa ur, var min kommentar. För övrigt så har jag nog en lösning på den servicedelen.

- Jag har varit i kontakt med José och Carlos på butelj-
avdelningen och dom kan tänka sig att hoppa in som
avlösare för Krut och Bölja. Ja, mot en smärre ersättning
förstås.

- Det låter som ett utmärkt förslag, sa Jansson. Det kör vi på.
Nu har jag bara en liten fråga kvar på det mötet, vem i
helskotta är det som beställt speglar som ska visa hur man
såg ut för 50 år sedan?

Alla runt bordet såg förvånade ut, så det var uteslutet att det
var någon från det här gänget som var skyldiga. Min
personliga misstanke föll genast på Agge, men jag sa inget.
Det var nog tid för ett möte med denna dam och sjungandet
om nätterna måste även det få ett slut.

Vi ska ju trivas tillsammans.

Kalabalik i Ronda

Det är sommaren 2017 och hela skrivargänget är hemma i Sverige på semester. Det har gått en månad och vad jag förstår mår alla riktigt prima. Själv har jag haft en separatutställning i Ängelholm på mina bilder och det gick som smort. Nu börjar det närma sig återresa till Ronda och vår vinodling, snart tid för en ny årgång att tappas på flaska och den uppgiften lämnas inte till Krut och Bölja. Vi skall ju ha lite i flaskorna också.

Vaknar med ett ryck och undrar vad det är för signal som stör min nattsömn. Är det möjligen den där klockan som rymde och nu kommit åter för att jävlas. Nej, det är telefonen. Vem ringer 04.30?

- Ja, svarar jag yrvaket.
- Det är Suzette från Ronda, hör jag på en knastrig linje.
- Du måste komma hit med det samma, skriker hon hysteriskt.
- Lugn och fin nu Suzette, vad har hänt?
- Idioterna Krut och Bölja har köpt 8 kameler av den förbannade Jansson.
- Det är väl inget att bry sig om, säger jag.
- Dom springer fritt här på Campen, kamelerna alltså, skiter och skövlar. Kom hit och se själv.
- Krut och Bölja får väl ta hand om dom.
- Dom idioterna har låst in sig i vinkällaren och är inte kontaktbara.

Avslutade samtalet för det fanns bara en sak att göra, boka resa och åka till Campen. Kontaktade de övriga och berättade vad som hänt och sa att jag var på väg till Kastrup. Lovade ringa besked så fort jag kom ner.

Herregud som det såg ut. Ylvas odlingar totalt avbetade och av vinrankorna var de flesta uppätna. Det låg fullt med kamelskit överallt till och med i poolen. Var är dom förbannande skojarna Krut och Bölja.

- Om du inte tar tag i denna kalabalik så slutar vi i köket, säger Suzette.
- Vi har skit ända in i köksskåpen, lägger hon till.

Efter ett tag får jag ut de båda kamelförarna ur vinkällaren och det är knappt dom vågar lyfta blicken från marken.

- Hur fan kunde ni komma på att köpa 8 kameler?
- Jansson kontaktade oss och berättade att han startat en ny verksamhet, Janssons Kamel Import.
- Så förvånad jag blir.
- Vi köpte dom billigt, kompispris du vet.
- Vad skulle ni ha dom till?
- Vi tänkte ha dom när vi skulle leverera vin till butikerna, lite exotiskt du vet.
- Nä, det vet jag inte, vi har en lastbil och den duger gott.
- Vi kunde ju inte veta att Jansson lurade på oss 8 vilda kameler. Dessutom har han försvunnit som en avlöning i dimman. Så vi kan inte reklamera.
- Så förvånad jag blir.

Vi försökte städa upp så gott vi kunde, för nu var resten av gänget informerat och på väg ner.

Hur vi än försökte så lyckades vi inte få ta på kamelerna, vad vi än lockade eller hotade med. Vi måste ju få in dom i någon form av inhägnad. Vi hade byggt en sådan längst ner i hörnet av tomten. Men dit fick vi dom inte.

Nu var gänget på plats och skadorna inspekterade.

- Är det någon som har en idé på hur vi ska få in kamelerna i inhägnaden, undrade Mona?
- Vi har provat med lock och pock men det gick inte, sa Krut.
- Jag vet, sa Bölja.
- Ut med språket, sa Ylva.
- Vi låter Agge dra några låter, så kanske dom går dit frivilligt, sa Bölja.

Sagt och gjort, vi hämtade hörselskydd för eget skydd och Agge klämde i. Och se på fan, 8 kameler rusade in i fållan och stod darrande i ena hörnet. Problemet var löst och Agge utnämndes till kamelskötare.

- Var gör vi av all skiten, den duger inte som gödning, sa Ylva.
- Jag vet", sa jag. När jag var på semester i Egypten så fick jag veta att kamelskit kunde användas som grillkol".

Numera har vi en ny verksamhet, Hordas Grillkol. Vi exporterar till EU och miljonerna rullar in.

- Ska vi inte köpa fler kameler, sa Lars?
- Skärp dig", sa Ylva. Vi har haft kalabalik så det räcker.

Lock och Pock

Ronda, den 22 november 2017, klockan har precis passerat 16:23.

Jag har precis slagit mig ner på den före detta Kommendantbostadens veranda, med ett glas rött från vår egen bodega. Solen håller precis på att försvinna i horisonten och jag njuter av dom sista värmande strålarna. Det är hög tid för lite reflektion och filosofiskt tänkande.

Det ju snart precis 2 år sedan skrivargänget slog sig ner på det som då hette Camp Jansson och faktiskt finns alla kvar. Ja några har ju försvunnit.

Den enögda furiren Jansson försvann rätt snart, han tröttnade på sitt projekt som vanligt och for iväg på nya upptåg. Vad jag vet ska han befinna sig i Marocko och där ska han fungera som befälhavare på någon form av grisfarm. Man föder väl inte upp grisar i Marocko, men Jansson gör tydligen.

Sergeanten René försvann han också ganska tidigt, han fick ju aldrig någon hyfs på gänget, men har tydligen lyckats bättre med Jansson grisar.

Själv byggde jag om den fd kommendantbostaden till en fotoateljé och här producerar jag numera "franska kort" och jag har ju 5 fd franska glädje flickor, som villigt ställer upp. Korten exporteras till Sverige med strykande åtgång. Konstigt land det där Sverige.

Den kommersiella vinproduktionen slutade vi med, vi orkade helt enkelt inte och några pengar saknar vi inte. Vår bok säljer ju fortfarande och mina kort inbringar medel så det räcker. För att inte tala om vår export av grillkol.

Vi behöll några vinrankor för husbehov och den lilla vinproduktionen sköts av Mona och Krut. Dom har tydligen slagit sina "påsar" ihop och man ser dom svärmande bland vinrankorna. Tydligen hade dom ett förflutet sedan tidigare, för Krut svamlade något om ungdom, Skövde och fiskedrag, när han fått lite för mycket av det röda guldet i halsen.

Ylvas kula är det inte längre några problem med och hon la beslag på vår kock Kål. Den stackaren lagar numera bara rätter på nässlor och Ylva basar som en riktig matrona i vårt kök. Tydligen räcker inte Kål till i alla lägen, för hon la även beslag på Bölja och den stackaren sköter om hennes nässelodlingar. Vad Kål och Bölja mer gör får ni själv filosofera över.

Agge ser vi inte till så ofta, men vi hör henne desto mer. Hon la beslag på både präst och bykyrka och från denna byggnad strömmar allsköns sånger. Halva byn är tydligen tvångskommenderad för att ingå i Rondas kör. Prästen går omkring med hörselskydd men ser väldigt nöjd ut ändå.

Janne är här bara lite då och då, för han har skaffat sig en skrivarhydda i Ecuador. Hans författariver gör att han producerar böcker i en kolossal hastighet och för tillfället är han ovän med Leif GW Person, för denne gillar inte att Janne leder populärlistan över svenska deckarförfattare.

Lars får tydligen inte till det riktigt med sin uppföljare till Hotboken. Han ses i tid och otid fara ut och in i Evas rum. Att det inte har med "franska kort" att göra vet vi, det har med Evas otekniska ådra att göra. Lars fungera som någon slags "HelpDesk" och hans tjänster efterfrågas i strid ström. Nu senast hade Eva lyckats med bedriften att få in en gaffel i hårfönen. Vad den skulle där att göra står väl skrivet i stjärnorna.

Gunilla fick tillbaka sitt intresse för akvariefiskar och det har tagit lite för stora proportioner. Det började med ett litet 500 liters glasakvarium och i detta skulle hon försöka odla guldfiskar. 100 guldfiskar får inte plats i ett sådant akvarium. Vi har numera ingen pool, för i denna simmar dessa 100 fiskar och Gunilla ror runt i en liten gummibåt och matar dom.

Ingrid har ju inte lyckats släppa sina inbrottsplaner. Hon fick ju för sig att vi saknade medel för att bo kvar på campen. Trots att jag visar henne vår bankbok varje dag, så envisas hon med att göra den ena inbrottsplanen efter den andra.

Vi har fått en egen "Jönsson" och nu är det bra ligan som fattas. Eva såg Ingrid i byns Café här om dagen ivrigt diskuterande med José och Carlos, från vår gamla buteljavdelning, så något är på gång. Vi har varskott den lokala polisen och dom har lovat att hålla lite koll på "Jönsson ligan".

Vi är alla lyckliga på vårt eget vis och att vi stannar kvar råder det ingen tvivel om. I morgon ska vi ha stormöte, för vi har ju inte enats om vad vi ska döpa vår camp till. Med lite lock och pock, ska jag nog få gänget att köpa namnet: Camp Lycka.

Tar ytterligare ett glas rött, för jag är rätt nöjd med min reflektion.

Storm över Ronda

Det har nu gått tolv timmar sedan stormen Felicia drog in över Ronda. För ungefär sex timmar sedan försvann strömmen och Eva fick för sig att det var hennes fel. Som vanligt hade hon lyckats med bedriften att få in en gaffel i hårfönen och trodde hon bränt en säkring.

    - Varför skall du envisas med att stoppa en gaffel i fönen, sa Agge?
    - Jag skulle bara rensa den.
    - Från vad då?
    - Lägg ner, sa jag. Det är Felicia som råder.
    - Det är ju riktigt mysigt, säger Mona.

Hela gänget, "de tappra åtta": Mona, Ylva, Agge, Lars, Eva, Gunilla, Ingrid och jag, satt runt köksbordet och lyssnade på de spanska nyheterna.

Som den strukturerade radioamatören jag är, har jag plockat fram min gamla batteridrivna transistor samt en stor låda med batterier.

    - Vi kan lyssna på radion i flera dygn, sa jag belåtet.
    - Så länge skall vi väl inte vara utan ström, klämde Ylva irriterat i med.
    - Man vet aldrig, svarade jag med ett belåtet leende och radade upp batterierna.

Hade för säkerhets skull plockat på mig min skyddsväst sedan min tid på Securitas och en blå hjälm sedan tiden för FN i Libanon.

- Du skall då alltid spöka ut dig, sa Ylva.
- Man kan inte vara nog så försiktig.

Det var riktigt mysigt i köket, tända värmeljus och i vedspisen hade Lars tömt i en påse kamelskit, det sprakade och doftade riktigt mysigt.

- Så här skulle vi alltid ha det, sa Mona och tog en rejäl klunk av det röda vinet. Transistorradio, värmeljus, kamelskit och vårt goa vin, det är livet det.
- Nu har du klämt en hel flaska av vårt vin och procenten har definitivt stigit dig åt huvudet, sa Ylva irriterat.
- En spökar ut sig och en klunkar vin, vad händer här näst, fyllde hon på med.

Varje gång stormen tog i, så det knakade i takvirket, kom det ett kvidande från Gunilla och Ingrid. Dom hade suttit tysta hela kvällen och bara stirrat mot taket.
Ett förfärligt brak hördes.

- Nu flög min själ taket av, sa jag med ett belåtet leende.

Greppade en vinflaska och satte den till munnen. Samtidigt som jag drack utförde jag någon form av krigsdans på köksgolvet.

- Nu går skam på torra land, sa Agge.

Då for dörren mot gården upp och där stod kamelen Knut och tuggade på en avblåst vinranka. När han såg Agge utstötte han ett vrål som kom alla att rygga baklänges.

- Kom in Knut skrek, jag, här finns plats för dig också.

Vi märkte att stormen bedarrat och strömmen återkommit. Alla gick ut för att inspektera skadorna efter Felicias framfart. Inte alla, på golvet satt Mona som nu somnat efter allt klunkande, kamelen Knut fort runt med en blå hjälm på huvudet, även han hade tydligen smakat på det röda guldet.

Jag krängde surt av mig skyddsvästen.

- Den hade man inte mycket nytta av, sa jag surt, samtidigt som jag plockade ihop radio och batterier.

För säkerhets skull slängde jag i en ny påse skit i spisen, man vet ju aldrig om det blir regnväder också.

Zebran

Efter att ha tillbringat en dag i solen, sökte sig pensionärs-gruppen från Ronda fram till bardisken för att där söka dubbel svalka. Jag försvann bort runt hörnet i ett ärende som hade sitt ursprung i ett antal urdruckna ölburkar.

När jag återvände gick jag fram till Lars och sa:

- Kom med här, jag måste presentera dig för Zebran.

Vi gick ut på innergården till detta vattenhål och på vägen ut sa jag:

- Du kommer inte att tro dina ögon.

Ute på gården stod ett mycket konstigt djur. Det liknade deras gamla kompis, kamelen Knut och på huvudet satt fortfarande den blå hjälmen.

- Jag har alltid undrat vart den tog vägen, hjälmen alltså.

Det som inte stämde riktigt var själva färgen på kamelen, någon hade nämligen målat den zebrarandig i vitt och svart. Lars fick inte fram ett ord, utan stod bara och glodde med munnen vidöppen som hålet på en fågelholk.

Ur dunkelt dyker det upp två gamla skojare, José och Carlos, Ylvas gamla trädgårdskarlar.

- Är det ni som har gjort detta, frågar jag.
- Vad tycker ni grabbar, säger José, med ett leende.

- Det är ett förhistoriskt djur som vi hittade i bushen, säger Carlos. Vi tror att det är en kameleont.
- Nu skall vi åka runt och visa upp kameleonten på marknader och tjäna storkovan, tillägger José.
- Ni två är nog de mest korkade personer jag träffat och det skulle inte förvåna mig om ni åker fast för djurplågeri, säger Lars som nu kommit till sans igen".

Lars blöter sitt ena finger och drar detta över färgen, den visar sig vara vattenlöslig.

- Nu är ni så förbannat vänliga att tvätta bort färgen, bums, säger han. Om flickorna får se detta är det nog era sittdynor som blir randiga, tro mig.
- Varför passade ni inte på att måla hjälmen också, frågar jag.
- Nä, det gick inte för var gång vi försökte ta av den så högg Knut efter oss, säger José.

Det hörs ett förfärligt vrål över gården, det är Ylva och resten av gänget som gått ut för att se vart vi tog vägen.

- Ta hit busarna som gjort detta för här skall det randas bakdelar, skriker Ylva.

Tisdag

Jag dyker upp på Viking och är helt vild.
Har inte varit så uppspelt som den här dagen.

- En bira frågar, Louise?
- Nej, jag tar en Ramlösa som vanligt.
- Du kan få en fet smäll, har du slagit i huvudet eller?
- Ok, en öl då, säger jag och ler.

Slår mig ner i baren och nästan halsar ölen.

- Vad har hänt, frågar Louise?
- Äntligen har det lossnat", säger jag. Har fått massor av
"likes" på Facebook, sen jag la upp informationen om
mina kommande utställningar. Det känns som om jag
äntligen har medvind och inte bara kör i motvind.
- Kul för dig Lennart, du har kämpat rätt länge nu.
- Håller detta i sig, så skiter jag i politiken", säger jag.

Går med lätta steg över torget och jackan flaxar i vinden.

- Jag är en vinnare, skit ner er kronofogdar och
fispolitiker", ropar jag och skrattar.
- Han har slagit huvudet i dörrkarmen, det är
något som är säkert, säger Louise.

En dansk cykel och den svenska avundsjukan

Ni som har berättelsen "Snedseglaren" i färskt minne,
kommer då ihåg turan med Pernille och studierna av
matrosens arbete, spaningar efter bläckfiskar, flygfiskar,
hajar och havssköldpaddor. Dricker man tillräckligt många
danska pilsner, ser man inte matrosen, men väl de övriga
djuren som nämnts ovan.

Nu ska denna historia inte handla om turan utan om en
dansk cykel och deltagande i en fototävling, nämligen
Skånefoto 2012.

Jag har vid några tillfällen åkt till Helsingör för att
fotografera cyklar. Ett par danska pilsner innanför västen
har dock hjälpt, när man legat på knä för att dokumentera
dessa cyklar. Hur det hela såg ut när jag krupit omkring får
ni själv bilda er en uppfattning om, men det hade inte med
ölen att göra, utan det var bildvinkeln som var det
viktigaste. Kommentarer från läsaren är helt onödiga, för
det har invånarna i Helsingör redan kommit med.
En hel del bra bilder har det blivit, enligt mitt tycke.
För att få bekräftelse på detta har jag skickat in en av
bilderna för bedömning på en nätsida för fotografer och fått
mycket bra kritik på bilden.

Nåväl, nu skulle denna bild tillsammans med två andra
lämnas in som tävlingsbidrag i Skånefoto 2012.
Nu skulle jag konkurrera med 500 andra fotografer om en
placering.

Den hösten gick jag med i ortens fotoklubb och det var genom dennes försorg som bilderna skulle lämnas in och detta gjordes en tisdagskväll i september. Bilderna visades upp och de medlemmar som var gamla i gården gav mig bra kritik och glada tillrop, om än något ansträngt från vissa. Kom ihåg att detta var min första tävling i fotoklubben och kunde redan nu känna en viss avundsjuka över mina bilder.

- Bara jag inte får någon bättre placering, för då åker jag väl ur klubben.

I slutet av oktober märkte jag en viss förändring bland de medlemmar som sitter i styrelsen för klubben. De slutade nämligen att hälsa glatt när jag dök upp på tisdagskvällarna. Började få en känsla av att någon av de tre bilderna hade fått en placering och det var ju inte bra.

Den 10 november var det vernissage och prisutdelning på Ystad Konstmuseum. Jag hade inte möjlighet att åka dit, utan fick vänta på resultatet som skulle presenteras den 13 november på klubben. Pristagarna från vår klubb kallades fram och hyllades och jag var inte bland dom. Man nämnde överhuvudtaget inte något om de övrigas placeringar, utan övergick till fikat istället.

Under denna paus kom jag över en utställningskatalog och passade på att bläddra i denna, vilket inte var populärt, för döm om min förvåning när jag finner mitt namn bland de som fått bilder publicerade i den öppna visningen.

I denna visning placeras de som juryn tycker har utmärkt sig speciellt och man får sin bild visad på storbildsduk under hela vernissagen. Här hittade jag min cykel från Helsingör.

Den svenska avundsjukan gör sig påmind överallt och det måste vara en folksjukdom av klass. Nu får man bara hoppas att mina tre sista bilder inte får någon placering i den sista klubbtävlingen, för då brakar väl helvetet ut.

Efter ett års medlemskap, lämnade jag denna inskränkta församling. Klubben hade inget att tillföra, förutom sin avundsjuka.

Doft

Stämningen runt bordet är på topp och det hörs ett behagligt smaskande, när klämmorna med surströmming, lök och mandelpotatis, langas in.

Plötsligt som genom ett trollslag tystnar sorlet. Allas blickar riktas mot kortsidan där jag sitter. Med tom tallrik, vilt stirrande blick och med ett järngrepp om flaskan med OP, som får knogarna att vitna, sitter jag som en staty.

Lars som är vana av slikt beteende säger med lugn stämma.

- Lennart har drabbats av posttraumatisk stress, och det löser jag.

Lars går lugnt fram till mig och frågar.

- Vad är det som har hänt och är det något som har med fisken att göra?
- Doften, doften, Libanon, tvinga mig inte att äta, svarar jag, med stirrande blick
- Vad hände i Libanon, frågar Lars?

Nu rullas hela historien upp. Norrlänningarna på campen skulle tvunget ha surströmmingsskiva och en skåning skulle vara med, fanjunkare Svensson. Det var ju denne fanjunkare som fixat strömmingen och rätten skulle avnjutas på balkongen. De vänliga norrlänningarna fixade en klämma till mig och hällde upp de gyllene dropparna. Dropparna slank ner men klämman med strömmingen kom inte så långt.

- Vilken doft, vilken smak. Nä fy för i helvete. Det här kommer att sätta sig som en mardröm för resten av mitt liv.

Mona, som satt till höger om mig, har ju ingen psykologisk utbildning men lider av en stor portion sunt förnuft. Hon har fyllt min tallrik med köttbullar, potatis, lingon och sås. Hällt upp en stor öl och en inte så oäven snaps.

- Kolla här fanjunkaren, Viking Bar har levererat lite godsaker till dig.

Jag tittar glädjestrålande ner på tallriken och utbrister.

- Vilken härlig doft.

Komvux och TQM-Konsult

Till årsskiftet 91/92, är det färdigproducerat på Tretorn AB. Då ha den sista blandningen gjorts och de sista råbollarna pressats. Nermonteringen av maskinparken har pågått i flera veckor. Personalstyrkan minskar för varje vecka, en del har fått nya jobb och några börjar studera. Själv skall jag börja på komvux i Ängelholm, för att läsa in en ekonomexamen på gymnasienivå.

Har ju en ingenjörsexamen, men har erfarit de senaste år, att skall men ha en chans på arbetsmarknaden så gäller det att bygga på sin utbildning.

Komvux fick ett och ett halvt år men arbetsförmedlingen ville något annat. En företagskonsult från orten hade lyckats med tricket att sälja in en utbildning i Företagsutveckling. Arbetsförmedlingen och Komvux, plockade ut elever som man trodde skulle passa denna utbildning. Jag var en av dessa.

Det var egentligen såhär. Den lokala företagskonsulten ville binda nya egenföretagare till sig och tjäna pengar på dessa, genom ett samarbetsavtal. Det var andra och sista gången denna utbildning genomfördes, bluffen genomskådades.

Efter avslutad utbildning på sex månader, var det bara jag som erbjöds ett avtal, mot att jag startade en firma. Var lättlurad och gick i fällan.

TQM-Konsult, såg dagens ljus. Var nu egenföretagare och min egen chef.

Från 1994 – 1996, skulle Jag hjälpa andra företagare med egencertifiering mot EU-standarder samt kvalitetssäkring, enligt ISO 9001. Det flöt på riktigt bra och jag hade en hög omsättning och bra lön. Det hela tog dock slut med en anmälan till Kronofogden.

All fakturering skulle gå genom den lokala företagaren med vilken jag hade ett avtal. Redovisade mina timmar, den lokala företagaren fakturerade kunden. Alla jobb gjordes i dennes företagsnamn, TQM-Konsult fick inte synas. TQM-Konsult, fick sen fakturera samarbetspartnern när denna fått betalt. Min faktura skulle vara tio procent lägre, än original fakturan.

Det visade sig efter ett tag att alla som hade ett avtal blev lurade på pengar. Samarbetspartnern meddelade att vissa kunder inte betalade och därmed fick vi inga pengar.

- Ni kan ju göra förlust avdrag i era deklarationer, sa han.

Två killar hoppade så småningom av.

Jag träffade en klient som tackade för hjälpen och bad om ursäkt att han betalt fakturan lite sent. Så uppdagades hela bluffen och jag försvann också. Kronofogden fixade pengarna åt mig.

En fartfylld resa eller oj då, vad hände nu

Det var Johannas sista vecka med gänget och vi började snacka på måndagsmötet om vi skulle hitta på något kul, ett avslut på fredagen. Vi behövde inte fundera så värst länge, för det tog väl en millisekund och sen kom förslaget från Stefan.

- Vi tar en tura med Sundsbussen på fredag, eller?

Man kan ju inte påstå att Stefan lider av ett stort mått av fantasi, utan detta är det vanliga förslaget. Att någon skulle utropa "oj då vad hände nu", är ju definitivt helt osannolikt. Säger Stefan att vi kan väl gå tidigare och hitta på något gemensamt, så vet alla vad som gäller. Vi nickade instämmande och så var resan beslutad.

På onsdagen hade kollegerna tänkt till och man tyckte att vi skulle ta båten klockan 14.00.

- Du som är samordnare och har tumme med chefen, kan väl kolla om vi kan gå på betald arbetstid och slippa flexa."

Så fick jag ett specialuppdrag igen, men jag visste redan svaret.

- Ni får flexa ut och inget annat om ni vill gå tidigare, löd svaret från chefen"
- Sorry, men för egen del är det inga problem, jag har 60 timmar plus, klämde jag till med och det hördes lite grymt och stön från vissa.

- Vi tar båten klockan 15.00 och jag beställer bord, sa
Stefan
- Vi måste tydligen beställa vad vi ska äta, återkom han
med.

Vi hörde att han beställde sex räkmackor och så var allt
klappat och klart. Kollegerna tog hela torsdagen i anspråk,
för att räkna ut hur man skulle kunna gå tidigare utan att
plocka på den flextid som man inte hade.

- Ni kan ju börja en timme tidigare så är det löst, var mitt
förslag.
- Nä, vi tar ut friskvårds timmen som vi redan plockat ut,
sa Alexander.

Jag slutar inte att förvåna mig, men hans dagar är snart
räknade, för han har fuskat för mycket med arbetstiden.

Fredag 14.30 och ett glatt gäng ger sig iväg mot båten. Nu
börjar alla problemen, ja för vissa vill säga.

- Man kan inte längre köpa turabiljett efter klockan två
på fredag och lördag, sa Caroline irriterat.

Där rök med andra ord den förväntade rabatten och jag
insåg ett den här resan skulle bli "fartfylld". Vi hittade vårt
bord och allt var snyggt dukat för vår räkning.

Nu visar det sig att gänget bakom oss redan är lite dimmiga
och rätt störiga. Caroline och Alexander ser som om dom
precis har fått i sig en citron och Amir får en skrattattack
som gör att han får ont i magen.

Här gäller det att snabbt komma till baren, få ut sin räkmacka, en sexa gammeldansk och en grön Tuborg.

- Jag ser att ni beställt 16 räkmackor, säger bartendern.
- Så många har jag inte just nu, men vi hämtar fler i Helsingör, tillägger han.

Som sagt det här blir en fartfylld resa och jag är glad att jag beställde, en sexa gammeldansk, den kommer att behövas.

- Vem av er är det som ska äta 11 räkmackor extra? Säger jag med ett brett leende.

Stefan far fram till baren som en tornado och så är det bråket igång.

Alla har fått sina mackor och dricka och snart är vi lika störiga som dom bakom oss eller så hör vi inte dom längre, jo citronerna Alexander och Caroline hör dom.
Nu blir det ju inte mycket bättre av att jag konstaterar att det ska bli livemusik om någon timme och för att höja citronernas blodtryck, konstaterar jag att orkestern är från Munka Ljungby. Det blir kasedans med andra ord.

Vi är fyra i gänget som sjunger med och citronerna har nu fått i sig en hel låda av dessa frukter och lämnar båten 17.00. De tyckte det var skit men för oss andra på båten är det en fartfylld resa, ölen hjälper nog till skulle jag tro.

Klockan 18.00 går resten av gänget av utom jag.

- Jag åker en sväng till och tar liten bilder.

Drar mig ner på fördäck, beställer en grön och känner mig som Christer Strömholm med sin Leica. Antagligen har de "gröna" gjort att jag ser i syne för det är ju en Nikon jag har. Skit samma fotona blir säkert lika bra. Tiden rinner iväg när man har kul och nu är klockan 19.30 och vi styr mot Sverige igen.

Jag kommer i samspråk med en tjej som är något äldre mig och vi snackar om hennes nya lägenhet på Drottninghög. En något yngre blondin slår sig ner och frågar om jag är fotograf.

- Ja, definitivt klämmer jag till med.
- Vad plåtar du då?
- Det blir mest porrfoton nu för tiden.
- Då ställer inte jag upp, säger blondinen".

Den något äldre tjejen tittar lite öldimmigt på mig och säger:

- Jag ställer upp.

Hoppsan, vad hände nu då?
Vi skrattar gott alla tre och jag lämnar båten i Helsingborg. Går till Pressbyrån och köper senaste numret av Black & White Photography.

Med ett leende på läpparna vandrar jag hemåt mot Casa Svensson och säger till mig själv.

- Det blev en fartfylld resa trots allt.

Systemrevisorn

På sommaren 1996, lades TQM-Konsult i malpåse eller vilande som det egentligen heter.

Jag blev nu anställd som systemrevisor hos SIS Certifiering AB, och som revisor skulle jag arbeta i lite över fyra år. Kom att arbeta mot ISO-9001, ISO 14001 och QS-9001. Arbetet gick ut på att certifiera organisationer mot någon av dessa standarder, samt att göra uppföljande revisioner på de som redan var certifierade.

Jag kom att resa över hela Norden och svårast var det i Finland, för där behövdes alltid tolk.

Det roligaste med arbetet var alla de organisationer jag fick en inblick i. Man kan med fog säga att jag blev enormt allmänbildad, vilket var till nytta längre fram i karriären.

Arbetet var mycket bra betalt och jag har aldrig haft och skulle inte heller tjäna så mycket pengar. Arbetade aldrig mindre än sextio timmar i veckan och det skulle så småningom ta ut sin rätt. Äktenskapet knakade i fogarna och slutet på detta kunde anas i horisonten.

När jag slutade hade jag avancerat till revisionsledare.

Kläderna gör revisorn

Denna historia utspelar sig hösten 1996 på tre platser, nämligen i Malmö, Västerås och Stockholm. Jag hade denna höst börjat min anställning på SIS Certifiering AB och målet var att bli revisionsledare. Men som alla nyanställda fick jag börja min karriär som revisorskandidat. Vilket innebar att man under handledning av erfarna revisorer fick genomföra delar av revisioner mot ISO 9001 och vid sista tillfället körde man hela revisionen själv.

Godkänd blev jag och revisionsledare blev jag också vad det led.

I Stockholm hade vi en handledare som ansvarade för att man fick rätt utbildning och rätt företag att kandidera på. Hans självpåtagna uppgift var att mobba alla nya kandidater i tid och otid och han tyckte själv att han var enormt duktig. Han hade ett väldigt dåligt självförtroende och för att höja sig själv, lyfte han skrot och käkade anabola steroider. Vilket stjärnskott.

Jag blev en fredag inkallad på hans kontor för en genomgång av klädpolicyn, den var för övrigt hans nya påhitt för dagen. Han började med att säga att en dum skåning behöver få en liten lektion i hur man klär sig. Tofflor med koskit gör sig inte på revisioner och det vore även önskvärt att skåningen tvättade sig lite grundligare i fortsättningen.

Detta mina vänner var en stor pennalist men en liten skit på jorden och han hade inte ens klarat av att ta körkort.

Några veckor senare så var det dags för en revision på ett av Sveriges största arkitektföretag. Vi var uppdelade på ett flertal orter och jag skulle tillsammans med en kollega börja i Malmö, för att sen fortsätta i Västerås och slutligen skulle hela revisors gänget sammanstråla i Stockholm, för avslutande revision. Pennalisten skulle dessutom vara revisionsledare för hela revisionen.

Jag kom väl ihåg pennalistens ord om tofflor och grundlig tvätt och min hämnd skulle bli mycket ljuv.

Jag steg en lördag in i en av Ängelholms dyraste herrekiperingar, för nu skulle det min själ införskaffas bästa stass. Ut steg herr Svensson 10 000 kronor fattigare men med en kavaj med tillhörande byxor, skjorta och slips.

På måndag morgon steg jag på tåget med destination Malmö och iklädd mitt senaste tillskott. Väl framme vid arkitektfirman, tände jag en cigg och inväntande min kollega som skulle komma från Stockholm. När kollegan väl anländer och ser kandidat Svensson i den nya stassen, nådde hans haka nästan ner till marken. Han tittar på sig själv och förstår att nu är fan lös, för han ser ut som en lodis om man jämför med kandidaten.

Det är nu det roliga börjar. Chefen för arkitektfirman kommer ut och hälsar mig välkommen och talar om för min kollega att han ska ta min resväska. Jag hänger naturligtvis på och njuter ett litet tag av misstaget, men upplyser chefen om att det är kollegan som kör revisionen och jag är observatör. Chefen för firman tror då att jag är där för att kolla att allt går rätt till och man hänger på igen.

Det blir samma sak i Västerås och där är man dessutom enormt imponerad av min slips, för den är smyckad med dörrar och det passar ju bra med tanke på vad dom sysslar med.

Vi kommer ju till Stockholm för avslutande revision och historien upprepar sig, man tror att jag är någon sorts kontrollant och jag behandlas mycket hövligt.

Pennalisten håller på att få slag när jag upplyser honom om att jag lämnat tofflorna hemma och att jag dessutom hade förutsett att alla skulle vara lika välklädda som jag. Dessutom luktade jag gott av något dyrt rakvatten. Jag upplyste pennalisten om att jag skulle diskutera klädpolicyn med vår vd.

Det hela slutade med att vår vd skickade ut ett pm till alla på kontoret, där han tackade den där skåningen som minsann hade höjt ribban på vår klädstil. Jag och pennalisten blev efter detta inte de bästa vänner.

Konsulten

Det som knäckte mig, var det ständiga resandet och hotellboendet.

Sa upp mig och plockade fram TQM-Konsult igen från malpåsen. Kunder var inga problem, skrev till dom jag hade gjort revision hos och jobben strömmade in.

Något år senare var det tid att starta ett aktiebolag tillsammans med en gammal studiekamrat. Det rullade på i ett vansinnigt tempo och pengarna strömmade in i firman. Resandet fortsatte och hotellboendet ökade.

Det var ju inte detta jag ville och livet sket sig så att säga. Skilsmässan var ett faktum 2003 och jag gick igenom en livskris. Bostadsrätten såldes och jag hamnade i en tvåa i Munka Ljungby. Sålde min del av aktiebolaget till kompanjonen och började på Securitas. Det gällde att göra något nytt av sitt liv.

Det tog fjorton år innan jag träffade min före detta, i samband med att barnbarnet fyllde år och jag insåg att det som skett var det rätta.

Klockan som gick

För en tid sedan kände jag ett lätt obehag när jag kom hem från jobbet. Jag kunde inte sätta mitt finger på vad det var och jag såg inget ovanligt i lägenheten. Tänkte inte mer på saken utan satte mig framför pc:n för att kolla om jag fått mejl eller om det fanns något viktigt på Facebook. Nä, inget att skutta glatt över utan jag började istället med min kvällsmacka.

Obehaget gjorde sig påmint igen när jag kollade in nyheterna 19:30. Något stämmer inte, lika bra att göra en grundlig syn av mina 50 kvadrat. Likt en flygkapten gick jag runt med min checklista och prickade av efterhand.

Köket - ok, Dasset – ok, Hallen – ok, Vardagsrummet – ok, Sovrummet – ok.

Nä vänta lite nu, slå stopp i maskin, var fanns min väckarklocka. Den hade gått sin väg, det enda som syntes efter min trotjänare var en fyrkantig ruta i dammet på mitt nattduksbord. Vad i hela friden var detta, en klocka kan väl inte bara ge sig av. Jag försökte med lock och pock att få klockan att komma fram ur sitt gömställe, men icke sa Nicke.

Jag satte mig framför pc:n, nu gäller det att gå till botten med mysteriet med den försvunna klockan. Tur att Google finns, vad skulle man gjort utan detta medium. Skrev in orden "klockor som gått hemifrån", och döm om min förvåning, flera tusen trådar dök upp på skärmen. Det här var tydligen inget mysterium, utan något som var rätt vanligt.

Det visade sig att det var inte bara väckarklockor som rymt utan även gökur och stora golvur. Tydligen var det någon form av epidemi som spred sig över världen. Den mest fantastiska historien var den om armbandsklockan som mitt under ett möte låser upp sig själv och bara ger sig av.

Varför hade man inte rapporterat om detta i tidningar, radio eller tv. Svaret fanns i en av trådarna som var skrivet av en svensk som jobbade i Bryssel. EU hade lagt lockat på, man var övertygad om att spred man detta i våra medier, så skulle en smärre panik utbryta och det kunde Unionen inte klara av. Det räckte med Greklands dåliga ekonomi och några nya problem var inte att tänka på. Ett stort forskarteam jobbar febrilt med att få fram ett vaccin som kan ges till klockorna, men hittills har alla försök gått om intet. Det senaste vaccinet gjorde bara att klockorna stannade.

Sent om sidor drog jag mig missmodig till sängen för att försöka få lite sömn, det kom ju förhoppningsvis en ny dag och då gällde det att vara pigg. Fick ställa min mobil för väckning och gick till sängs. Det lät lite konstigt om kudden och under den samma låg ett litet handskrivet brev.

Hej Lennart!

Jag står inte ut längre med ditt snarkande, utan jag lämnar dig för gott. Vårt äktenskap är härmed över och jag skall försöka finna en ny livspartner. Gråt inte för mycket utan köp dig en ny klocka på Clas Ohlsson.

Med vänlig hälsning
Klockan

Torsdag

Nu rullar det på rejält i livet.

Det känns som om 2018 blir mitt stora år, det jag kämpat för länge. Då menar jag den kreativa delen av mitt liv.

Intresset för mina bilder har ökat och jag börjar få klart med utställningar.

Bjuv i februari, Helsingborg i juli , Perstorp i november och Ängelholm (2019).

Mitt skrivande har också kommit i gång på allvar. Min första riktiga utgivning planerar jag till våren. En fortsättning med två nya böcker är också på gång.

Även den här dagen är fulltecknad. Börjar med en god lunch på Viking, ärtsoppa. Sen inköp på ICA, det blir rårakor med räksallad till helgen.

Det blev precis som jag tänkt mig när jag slutade på fogden. Hur jävla skönt som helst.

Träffar idag människor som bävar för att gå i pension. Deras problem är att de inte har något annat än jobbet och inga fritidsaktiviteter. Förstår att de mår dåligt, ju närmre pensionen de kommer.

Läs kapitlet om Mål i början på boken, ni som bävar inför pensioneringen.

Det som blev kvar

Bilderna som följer har ingen koppling till handlingen, utan skall ses som en fristående berättelse, fast i bildform.

Fotografierna är tagna på ett skrotupplag för en veteranjärnväg i Klippan. Dessa kan ses som en form av dokumentärt fotografi eller varför inte konstfotografi.

Det är alltid betraktaren som avgör.

Tack för i dag, slut för i dag

Nu orkar jag inte berätta vidare, utan det räcker för den här gången.

Blir det fler böcker?
Definitivt, det här är bara början!

Nästa gång ni får träffa fotografen och berättaren är det i, "Frasses Patrull".

FN-tjänsten är den period i mitt liv som kan fylla en hel bok och lite till. Den också den intressantaste anställningen och tiden i mitt liv.

Det blir historier från tiden som kvartermästare i Libanon och en del bilder från perioden.

- Nu skall jag snacka med tjejerna i baren, Louise, Cesse och Ina.
- Snabba på med en pilsner, för jag får torrsprickor i halsen.

Nu tror ju alla att jag suttit i denna bar sedan jag slutade jobba. Nej, men ett besök i veckan och någon öl, är aldrig fel.

Sköt om er därute och lev väl.